JUBA
@LaMinutedHistoireetMythologie

W0394585

49 petites HISTOIRES de la mythologie

DBS

Crédits iconographiques

Adobe Stock

p. 11, 57, 90, 94, 113, 136, 143 © Erica Guilane-Nachez ; p. 21© toricheks ; p. 28, 65, 73, 80, 121, 132 © Archivist ; p. 32 @ croisy ; p. 49 © Юрий Кравченко ; p. 61 © Sergey Kohl ; p. 69 © Hein Nouwens ; p. 118 @ Morphart ; p. 151 @ Mannaggia ; p. 155 @ KOSIM ; p. 159 @ Juulijs ; p. 163 @ Oleksandr Pokusai ; p. 171 @ roomyana ; p. 178 @ Artoniumw ; p. 182 @ olenakryvoruchko ; p. 189 @ Nurjen.

Wikimedia Commons

p. 36 : Los Angeles County Museum of Art ; p. 53 : John Flaxman Jr. ; p. 98, 102 : Lorenz Frølich ; p. 106 : Artist uncredited in work ; p. 126 : Mabel Dorothy Hardy ; p. 147 : Nordisk familjebok ; p. 167 : Ernst Wallis *et al.*

Couverture et maquette intérieure : Cerise.be
Mise en page : PCA

Dépôt légal :
Bibliothèque nationale, Paris : octobre 2024
Bibliothèque royale de Belgique, Bruxelles : 2024/13647/147
ISBN : 978-2-8073-6207-9

SOMMAIRE

MYTHOLOGIE NORDIQUE

MYTHOLOGIE ÉGYPTIENNE

INTRODUCTION

L'histoire et la mythologie ont toujours fait partie de ma vie, notamment grâce à mes parents archéologues et à l'accès que j'avais aux livres et aux informations sur l'histoire du monde. J'ai appris très vite que la mythologie est indispensable si on veut bien connaître la vraie nature d'un peuple. C'est à travers les mythes et les légendes que nous obtenons un aperçu des valeurs, des croyances et de l'imaginaire qui les animent. Ce ne sont pas de simples histoires, mais des petits miroirs qui reflètent la condition humaine.

Dans ce livre, je vous propose 49 petites histoires puisées parmi trois grandes mythologies du monde : la mythologie grecque, la mythologie nordique et la mythologie égyptienne. Chaque histoire est une porte d'entrée vers l'âme de la culture dont elle est issue. Vous allez retrouver des thèmes universels comme l'amour, l'héroïsme, la trahison et bien d'autres, pour mieux comprendre comment ces récits façonnaient leur vision du monde et de leurs dieux.

Ces récits sont les fondations de notre compréhension des civilisations qui nous ont précédés. En partageant ces histoires, je souhaite vous inviter à découvrir cette richesse culturelle et historique qui a profondément marqué mon parcours et ma passion pour la mythologie.

1re petite HISTOIRE

LES JUMEAUX FONDATEURS DE ROME

Rome est une ville unique, au passé légendaire, reconnue depuis l'Antiquité comme un symbole de puissance et de splendeur. Aujourd'hui encore, c'est l'un des plus grands centres d'histoire, de culture et d'art dans le monde entier. Mais avant d'acquérir sa réputation grandiose, Rome n'était qu'un petit lopin de terre fondé par deux jumeaux mythiques, Romulus et Rémus.

LES HÉRITIERS DU PRINCE DE TROIE

Romulus et Rémus descendent d'une lignée de frères et de complots, dont l'histoire démarre avec le grand héros Énée, prince de Troie, qui avait vaillamment défendu sa ville contre l'invasion grecque. Son fils, Ascagne, fonda ensuite la ville d'Albe la Longue et, des siècles plus tard, deux frères se tenaient en ligne pour accéder au titre convoité de roi : Amulius et Numitor. Par une machination habile, Amulius mit en place un complot visant à renverser son propre frère et parvint ainsi à destituer Numitor de son trône, le condamnant à l'exil.

Inquiet que les descendants de son frère cherchent à revendiquer le trône, Amulius voulut sécuriser sa position en tant que roi et, pour écarter toute menace potentielle, Amulius ordonna donc que la fille de Numitor, Rhéa Silvia, embrasse la vie de vestale, ce qui l'obligerait à demeurer vierge pour le restant de ses jours.

LE DIEU DE LA GUERRE S'EN MÊLE

Manque de chance pour Amulius, un acte du destin vint contrarier ses plans. À la grande surprise de tous, Rhéa Silvia reçut un jour la visite du dieu de la guerre, Mars, alors qu'elle se tenait dans un bosquet sacré dédié en son honneur. Une rencontre divine qui aboutit à la naissance de Romulus et Rémus.

En apprenant que Rhéa Silvia avait rompu ses vœux de chasteté et qu'elle avait enfanté des jumeaux, Amulius, enragé, ordonna que les nourrissons soient noyés dans les eaux du Tibre. Ne pouvant pas mettre à mort les enfants lui-même, par crainte de s'attirer la furie des dieux – après tout, il s'agissait des enfants de Mars –, il confia la tâche ingrate à une servante. Mais celle-ci, prise de pitié pour les deux garçons, prit la décision de les mettre dans un humble panier avant de les abandonner à la dérive sur les flots de la rivière.

Ils n'étaient définitivement pas destinés à mourir à ce moment-là, car Tibérinus, le dieu du Tibre, intervint lui aussi pour porter chance à Romulus et Rémus : il calma les eaux et fit en sorte que le panier finisse par s'accrocher sur les racines du Ficus Ruminalis, un figuier sacré qui se trouvait au pied du mont Palatin. Cet endroit, à l'apparence ordinaire, est l'une des sept collines qui allaient former plus tard la ville de Rome.

LES ENFANTS DE LA LOUVE

C'est précisément là qu'ils furent découverts par une louve assoiffée qui descendait de la montagne pour s'abreuver. Elle protégea les nourrissons et les allaita de son lait nourricier, jusqu'au jour où un berger nommé Faustulus qui passait par là aperçut les deux bébés dans la tanière de la louve. Sans hésiter, il prit la décision de sauver les garçons et de les accueillir comme ses propres enfants avec sa femme, Acca Laurentia.

Romulus et Rémus furent ainsi élevés en tant qu'humbles bergers, devenant des hommes vaillants, forts et honorés de tous. Un jour, Faustulus révéla aux jumeaux leurs origines royales, et de fil en aiguille, hasard ou destinée, leur route retrouva celle de leur grand-père maternel en exil, Numitor. En voyant leurs visages, il reconnut immédiatement ses petits-enfants.

Alors, guidés par les liens du sang et une soif de justice, ils unirent leurs forces pour mettre en place un plan destiné à se débarrasser définitivement d'Amulius.

LA FONDATION DE ROME

Après l'exécution d'Amulius, Romulus et Rémus rétablirent Numitor sur le trône en tant que roi légitime d'Albe la Longue et partirent de leur côté pour fonder leur propre ville. Ils désiraient ériger leur ville à l'endroit même où ils avaient été élevés, mais il y avait un léger désaccord entre les deux frères quant à son nom et son emplacement exact.

Tandis que Romulus voulait s'installer sur le mont Palatin, en quête d'un refuge en hauteur pour mieux se défendre, Rémus penchait plutôt pour le mont Aventin. Afin de se départager, ils se mirent d'accord pour attendre un signe des dieux et consultèrent donc les auspices.

Un augure se présenta d'abord à Rémus, qui annonça avoir discerné six vautours dans l'horizon. Aussitôt, Romulus prit la parole et prétendit en avoir observé le double. Pour Rémus, il était clair que le pouvoir lui revenait, car il avait été le premier à percevoir le signe céleste, tandis que Romulus s'appuyait sur le fait qu'il avait vu un plus grand nombre d'oiseaux. Finalement, incapables de se départager, une dispute éclata entre les jumeaux, se soldant avec la mort accidentelle de Rémus. En fondant sa ville en 753 av. J.-C., Romulus choisit donc de la baptiser « Roma », marquant ainsi le début de la civilisation romaine.

LE SAVIEZ-VOUS ?

Il existe tant de versions différentes qui relatent les faits de la fondation de la ville de Rome que nous aurions pu vous raconter une tout autre histoire. Par exemple, dans une des versions, Romulus aurait creusé un sillon pour délimiter les limites de sa ville et Rémus, jaloux, aurait sauté par-dessus pour se moquer de son frère. Voyant cela, Romulus l'aurait alors tué sous le coup de la colère, avant de fonder sa ville qu'il nomma Roma en 753 av. J.-C. Dans certains récits, le père des jumeaux n'est pas le dieu de la guerre mais plutôt Amulius lui-même, déguisé. D'autres racontent que le père de Romulus et Rémus serait plutôt le grand héros Hercule.

Nous pourrions continuer comme ça longtemps, le mythe de la fondation de Rome étant vraiment l'un des plus populaires dans l'histoire. Il a été raconté et adapté d'innombrables fois au cours des siècles par diverses cultures, écrivains et historiens, ce qui a donné lieu à un large éventail de versions et d'interprétations différentes.

2e *petite* HISTOIRE

IL DÉFIE LES DIEUX POUR LA SURVIE DE L'HUMANITÉ

Imaginez un monde sans feu. Il est difficile de savoir comment la civilisation humaine aurait progressé sans le feu à ses côtés pour la réchauffer, l'éclairer ou lui permettre de forger des armes pour se défendre. Heureusement, grâce à l'intervention de Prométhée, nous avons aujourd'hui un contrôle presque total sur cet élément vital à notre survie.

LE TITAN PRÉVOYANT

Peu après la Titanomachie, le conflit monumental entre les Titans et les Olympiens, Zeus avait jeté dans le gouffre du Tartare presque tous ceux qui s'étaient opposés à lui. Il avait cependant épargné certains Titans qui s'étaient rangés de son côté durant l'affrontement. Parmi eux, il y avait les jumeaux Épiméthée et Prométhée.

Fils des Titans Japet et Clymène, Prométhée, dont le nom signifie « Celui qui est prévoyant », est souvent désigné comme le tout premier bienfaiteur de l'humanité. C'est l'une des divinités les plus sages de toute la mythologie grecque, il aurait même en lui le don de prophétie. Cela dit, malgré toutes ces qualités, Prométhée ne put prévoir le destin amer qui l'attendait aux mains de Zeus, après avoir dérobé le feu des cieux pour le donner aux êtres humains.

LE VOL DU FEU

Prométhée, qui aimait les humains, souhaitait partager avec eux la chaleur et la vitalité du feu pour les aider à s'épanouir. Mais Zeus était orgueilleux et n'éprouvait pas du tout la même affection pour l'humanité que le Titan. Ne voulant absolument pas que les hommes aient accès à un tel pouvoir, il refusa de leur donner le feu. Zeus, dans sa fatuité, n'aurait jamais pu imaginer que l'amour de Prométhée pour les humains dépasse sa peur du roi des dieux. C'est pourquoi, un jour, le Titan grimpa sur le mont Olympe et, invisible aux yeux de tous, vola le feu éternel qu'il ramena avec lui sur une tige de fenouil.

Vous imaginez sans peine la colère irrépressible qui s'empara du seigneur de l'Olympe lorsqu'il se rendit compte qu'il avait été dupé par Prométhée et que les humains possédaient désormais le pouvoir destructeur et versatile du feu entre leurs mains. Zeus savait le cadeau incomparable que Prométhée avait fait à l'humanité, qui n'avait jusque-là pas grand-chose pour se défendre : avec le feu à leur disposition, les êtres humains pouvaient désormais se réchauffer, cuire leur nourriture, forger des armes et s'éclairer dans l'obscurité de la nuit.

Dans une autre version de cette histoire, Prométhée était inquiet pour l'avenir des êtres humains. C'est pourquoi, lors d'un rituel sacrificiel consistant à partager un énorme taureau entre les humains et les dieux, il décida de tromper les dieux une fois de plus pour que le partage tourne en faveur de l'humanité.

Au cours du rituel, lorsque le taureau fut sacrifié, Prométhée prit la responsabilité de diviser la majestueuse bête en deux portions. Dans l'une, il mit les parties les plus alléchantes de l'animal – toute la viande, les entrailles et les parties bien grasses – et pour tromper l'œil de Zeus, il les enveloppa avec la peau moins attrayante de l'animal. Dans l'autre portion, il fit l'inverse : tous les os et le cartilage du taureau furent recouverts d'une belle couche de graisse blanche, riche et luisante. Puis, Prométhée, un sourire aux lèvres, demanda à Zeus de choisir entre les deux paquets. Il choisit, bien sûr, la portion à l'apparence trompeuse, mais lorsqu'il vit tous les os non comestibles, il se rendit vite compte qu'il avait encore une fois été dupé par le Titan. Cet incident contribua à la tension persistante entre Prométhée et Zeus, causant inévitablement la perte du champion de l'humanité.

LE CHÂTIMENT DE ZEUS

Zeus, emporté par la colère, avait décidé de punir Prométhée : il l'enchaîna à un rocher avec des liens indestructibles et envoya un aigle sur lui qui, chaque jour, dévorait son foie. L'organe repoussait ensuite durant la nuit, et le supplice continuait ainsi en boucle pour l'éternité. Prométhée, étant immortel, ne pouvait donc même pas avoir la délivrance de la mort pour mettre fin à sa douleur. Mais heureusement pour lui, il fut finalement libéré par le héros Héraclès qui avait besoin de la connaissance et de la sagesse du Titan pour accomplir son 11e travail.

Le mythe de Prométhée nous rappelle constamment que, même dans la souffrance et les pires épreuves, les êtres humains possèdent en eux l'ingéniosité et la détermination inébranlable nécessaires pour atteindre leur potentiel infini. Cette résilience humaine et cette soif pour le savoir n'auraient vraisemblablement jamais vu le jour sans la contribution du Titan bienfaiteur et de son présent divin.

LE SAVIEZ-VOUS ?

Dans une autre version du mythe du vol du feu, qui nous vient de la bibliothèque d'Apollodore, on attribue la création même de l'humanité à nul autre que Prométhée. Son affection pour les humains serait donc celle d'un père créateur puisqu'il aurait façonné de ses propres mains, avec de l'eau et de la terre, les premiers individus de la race humaine. Alors, tout comme un parent est prêt à tout sacrifier pour la survie de ses enfants, Prométhée se montra lui aussi prêt à souffrir jusqu'à la fin des temps pour voir sa création survivre et prospérer en leur offrant le feu.

3e petite HISTOIRE

LA CURIOSITÉ EST UN VILAIN DÉFAUT

Nous avons imaginé un monde sans feu ; maintenant, imaginons un monde qui n'aurait jamais connu la moindre souffrance. Eh bien, dans la mythologie grecque, sans la curiosité de la jeune Pandore, ce monde aurait très bien pu exister.

LA RANCUNE DE ZEUS

Le mythe de la boîte de Pandore est l'un des plus connus de la mythologie grecque pour une raison très simple : c'est qu'il est particulièrement instructif concernant les faiblesses humaines, tout en tentant d'expliquer les origines des malheurs qui, depuis le commencement, encombrent le cœur de l'humanité.

Cette histoire commence encore une fois avec l'indifférence et le mépris des dieux envers la race humaine. Car ces dieux, installés confortablement au sommet du mont Olympe, cachaient aux hommes l'élément clé de leur survie, le feu. Mais heureusement, le Titan Prométhée, célèbre pour sa compassion envers les humains, osa défier Zeus, le roi des dieux, en lui dérobant le feu pour le donner aux mortels. Ce geste leur conféra non seulement la capacité de se réchauffer, de subsister et de prospérer sur Terre, mais plus important encore, il éveilla en eux la flamme de la connaissance.

L'intervention de Prométhée avait grandement agacé Zeus. Ce dernier, de nature colérique, avait donc décidé de punir toute la race humaine en mettant sur pied un plan machiavélique qui commence par la création de la toute première femme, Pandore.

UNE FEMME PARFAITE

Il commanda d'abord au dieu forgeron Héphaïstos de lui façonner avec de l'argile une jeune fille d'une douceur inégalée et d'un charme irrésistible, digne des déesses immortelles de l'Olympe. Il demanda ensuite aux autres dieux et déesses de contribuer à la création de la femme parfaite. La sage Athéna lui insuffla la vie et lui enseigna l'art de la couture et du tissage, tandis que la belle Aphrodite, déesse de l'amour, lui donna une beauté et une grâce sans pareille. Hermès, le messager des dieux, la dota d'un esprit espiègle et d'une nature rusée ; enfin, Héra lui donna la curiosité.

C'est ainsi que la toute première femme mortelle fut créée, et son prénom était Pandore, « le présent de tous », ce qui lui va plutôt bien, vu tous les dons qu'elle a reçus de la part des dieux. Une fois Pandore créée, Zeus commença à planifier le reste de sa vengeance contre Prométhée et toute l'humanité. Il donna Pandore en mariage au Titan Épiméthée qui, après avoir vu la beauté éblouissante de la jeune fille, avait complètement oublié l'avertissement de son frère Prométhée. Celui-ci l'avait en effet prévenu de ne jamais accepter un cadeau de Zeus, sachant très bien que ce présent pourrait potentiellement apporter la souffrance à l'humanité tout entière.

De son côté, Zeus, satisfait de la réussite de son stratagème, offrit à Pandore un cadeau de mariage des plus attrayants : une jolie boîte qui, dès le début, avait piqué la curiosité de la jeune fille. Toutefois, il lui fit promettre de ne jamais l'ouvrir, sous aucun prétexte. Malgré sa grande curiosité, Pandore avait fini par solennellement promettre de ne jamais enfreindre cette restriction.

LA BOÎTE MAUDITE

Seulement, la volonté humaine n'est pas toujours à l'épreuve de tout. Au fil du temps, la curiosité de Pandore, qu'elle avait héritée d'Héra, fut telle qu'il devint de plus en plus difficile pour elle de résister à la tentation. Tout ce à quoi elle pouvait penser jour et nuit était de savoir ce que pouvait bien renfermer cette boîte mystérieuse. Elle ne pouvait pas comprendre pourquoi Zeus lui avait fait cadeau d'un tel objet pour ensuite lui interdire de l'ouvrir.

Finalement, un jour où Épiméthée était sorti, ne pouvant résister une seconde de plus à la tentation, elle ouvrit la boîte pour enfin voir quels secrets elle renfermait. Le sentiment de curiosité et d'excitation que Pandore ressentait au moment où elle soulevait le couvercle se transforma immédiatement en horreur lorsqu'elle vit toutes les choses abominables qui s'en échappaient.

La maladie, la mort, la misère, la tristesse et bien d'autres maux avaient été libérés, puis introduits dans le monde des mortels. En voyant toutes ces choses affreuses libérées, Pandore referma précipitamment la boîte, au moment même où l'espoir allait s'échapper. Ainsi, bien que l'humanité ait été affligée par divers maux pour le reste des temps, l'espoir resta scellé et en sécurité à l'intérieur de la boîte, agissant comme un antidote contre la misère humaine.

LE SAVIEZ-VOUS ?

Dans le mythe d'origine, la « boîte » remise à Pandore était en réalité un *pithos*. Les *pithos* dans la Grèce antique étaient généralement de grands pots de stockage en argile, couramment utilisés pour stocker et transporter toutes sortes de marchandises comme de la farine, des céréales, de l'huile d'olive ou encore du vin. Avec le temps, l'histoire de Pandore fut adaptée et réinterprétée à plusieurs reprises par divers artistes et écrivains qui ont commencé à décrire le récipient que Pandore avait reçu comme une petite boîte magnifique et ornée de bijoux plutôt que comme un pot d'argile servant à conserver des denrées.

4e petite HISTOIRE

LES DANGERS DE L'AMBITION HUMAINE

Les histoires de la Grèce antique avaient souvent pour intention d'offrir au peuple un moment de joie et de divertissement dans leur vie quotidienne. Mais plus important encore, elles servaient de leçons morales. Le mythe de Dédale et Icare fait partie de ces mythes qui, tout en divertissant, nous avertissent très clairement des dangers de l'ambition et de la désobéissance.

UN ARCHITECTE HORS PAIR

Le poète romain Ovide nous raconte l'histoire tragique de Dédale et d'Icare dans son poème épique, *Les Métamorphoses*. Dédale peut être considéré comme l'un des hommes les plus intelligents de la mythologie grecque. Car en plus d'être un maître inventeur et un ingénieur hors pair, c'est aussi un architecte exceptionnel. Mais Dédale avait aussi une très grande faiblesse : il était jaloux.

Il avait pris son neveu Perdix comme apprenti et un jour, alors que le jeune garçon marchait sur la plage, il le vit s'arrêter pour regarder les arêtes d'un énorme poisson. L'enfant ramassa l'épine dorsale du poisson et de là lui vint l'idée d'inventer la scie. Dédale regardait avec inquiétude à quelle vitesse son neveu apprenait de nouveaux concepts et à quel point il était habile à un si jeune âge. Il en devint jaloux et craignait que bientôt son propre apprenti le surpasse. Très vite, son cœur fut empli de haine envers lui, et un jour, dans un moment de colère, il le tua. Il fut alors condamné à l'exil et envoyé sur l'île de Crète.

LE LABYRINTHE DE MINOS

C'est là-bas, alors qu'il était en exil, qu'il fut sollicité par le roi Minos pour lui construire un immense labyrinthe afin de cacher aux yeux de tous le terrible Minotaure. Dédale se mit donc au travail sans perdre une seule seconde et dessina le plan d'un labyrinthe très complexe. Il y avait des couloirs qui s'étendaient avant de bifurquer selon des angles improbables, qui trompaient les yeux, des passages tortueux qui ne menaient nulle part, d'innombrables chemins et des détours si complexes qu'il craignait lui-même de s'y perdre.

C'est dans cette prison, où le Minotaure était donc enfermé, que le héros Thésée, fils du roi d'Athènes, fut lui aussi emprisonné. Alors qu'il aurait dû rester coincé à jamais dans le labyrinthe, Thésée réussit à tuer le Minotaure et à s'évader grâce à l'intervention de la princesse Ariane qui, sous la direction de Dédale, lui avait montré comment sortir en utilisant un fil attaché à l'entrée du labyrinthe. Il réussit donc à trouver son chemin jusqu'à la sortie avant de s'enfuir de Crète avec elle et les autres Athéniens.

En apprenant que les Athéniens avaient réussi à fuir, Minos parvint vite à la conclusion que seul Dédale avait pu les aider dans leur retraite. Pour l'empêcher de divulguer les secrets du labyrinthe à qui que ce soit d'autre, le roi décida donc d'emprisonner le vieil homme et son fils, Icare, dans sa propre invention. Mais Dédale n'était pas du genre à se lamenter sur lui-même. Il méprisait le fait d'être emprisonné et annonça à son fils que, puisqu'une évasion par la mer et par la terre était impossible pour eux, il restait donc le ciel. Il créa alors deux paires d'ailes géantes avec des plumes et de la cire et se prépara pour leur évasion.

L'HOMME DOMPTE LES CIEUX

Lorsqu'il fut enfin temps de s'évader, il mit l'une des deux paires d'ailes sur le dos de son fils et l'autre sur le sien. Enfin, avant de s'envoler, le vieil homme rappela à son fils qu'il devait toujours voler à mi-chemin entre ciel et mer : s'il vole trop haut, le soleil ferait fondre la cire qui maintenait les plumes ensemble et il s'effondrerait dans la mer ; s'il vole trop bas, les vagues pourraient facilement le renverser et l'envoyer dans les abysses.

Prenant leur courage à deux mains, le père et le fils sautèrent dans le vide. Dédale suivit son propre conseil et vola à mi-chemin entre le ciel et la mer. Mais Icare, jeune et incapable de contrôler ses émotions aussi bien que son père, devint extatique. Dans sa joie, il oublia tous les avertissements qu'on lui avait donnés. Il vola de plus en plus haut, enivré par la sensation de liberté. Alors qu'il se rapprochait de plus en plus du soleil, la cire commença lentement à fondre sous la chaleur du soleil, et, comme son père l'avait dit, Icare chuta dans la mer où il sombra. En peu de temps, les vagues impitoyables de l'océan l'avaient englouti et il coula comme un rocher dans les profondeurs. Aujourd'hui, on appelle cet endroit la mer Icarienne. Dédale vit son fils tomber, mais il ne put rien faire pour le sauver. Ainsi, c'est le cœur lourd qu'il continua son voyage seul vers la côte.

La leçon de morale derrière la chute d'Icare peut être interprétée de plusieurs manières différentes et elle est toujours d'actualité dans la société d'aujourd'hui. Cela nous enseigne, par exemple, que l'équilibre est nécessaire pour atteindre les objectifs que nous nous fixons dans la vie. Voler trop haut, ou avoir trop d'ambition, peut facilement se retourner contre nous. De même, voler trop bas et ne pas avoir assez d'ambition ou de volonté peut tout aussi bien nous entraver dans la vie.

LE SAVIEZ-VOUS ?

L'expression française « un dédale » ou « se perdre dans un dédale » est souvent utilisée pour décrire un lieu où il est facile de s'égarer, ou encore, au sens figuré, une situation qui est extrêmement complexe et difficile à gérer.

5e *petite* HISTOIRE

LE GARDIEN DU LABYRINTHE

Les héros de la mythologie classique étaient considérés comme des rôles modèles dont les actions et exploits symbolisaient les valeurs de la société grecque antique. Souvent, c'étaient des guerriers au courage inébranlable surmontant tous les obstacles qui se dressaient devant eux pour finalement goûter à la gloire. Peu après son affrontement avec le redoutable Minotaure, Thésée avait cimenté sa place parmi ces héros légendaires.

LES AVENTURES DE THÉSÉE

L'histoire de Thésée est le récit typique du passage à l'âge adulte, du jeune homme devant faire ses preuves pour prendre sa place dans le monde. En grandissant, il devint évident que Thésée était bien plus fort et courageux que tous les autres garçons de son âge. À seize ans, après avoir appris ses origines royales, il prit la décision de quitter le confort de son foyer avec une seule ambition : devenir le plus grand héros que le monde ait jamais connu.

Pendant ses premières aventures, Thésée avait accompli de nombreux exploits qui le firent connaître dans toute l'Attique. Il avait terrassé de nombreux bandits qui terrorisaient la campagne grecque, tels que Sciron et Sinis, et tua même la truie de Crommyon, une créature sauvage qui ravageait les régions tout autour de ce village. En très peu de temps, Thésée fut reconnu comme le plus grand héros de toute l'Attique.

Son voyage l'avait finalement conduit à Athènes, où il fit la rencontre de son véritable père, le roi Égée. Peu après, il apprit que le moral des Athéniens était au plus bas. Des années auparavant, ils avaient perdu une guerre contre le roi Minos de Crète et devaient depuis payer un tribut au tyran. Tous les neuf ans, sept jeunes filles vierges et sept jeunes hommes étaient envoyés comme sacrifice au Minotaure.

LE MONSTRE DE CRÈTE

Le Minotaure, une créature unique, mi-homme mi-taureau, était né de l'union entre la reine Pasiphaé et un taureau blanc envoyé par Poséidon. Le dieu de la mer avait envoyé le taureau à Minos pour que celui-ci le sacrifie en son honneur. Mais Minos, en voyant l'animal majestueux, avait décidé de le garder et d'en sacrifier un autre à sa place. Mais cette fourberie n'avait pas trompé l'œil de Poséidon. Pour se venger de cet affront, il fit en sorte que Pasiphaé tombe amoureuse du taureau, ce qui entraîna la naissance du Minotaure.

Après avoir eu vent du sort terrible qui attendait ses compatriotes athéniens livrés aux mains d'une telle créature, Thésée décida de mettre fin à leur souffrance en se portant volontaire comme tribut. À leur arrivée sur l'île de Crète, tous furent exposés au regard des Crétois pendant qu'ils se dirigeaient vers le labyrinthe. Parmi les spectateurs se trouvait Ariane, la fille du roi Minos, qui, voyant passer Thésée, en tomba amoureuse. Elle consulta Dédale, l'inventeur du labyrinthe, pour savoir comment s'échapper de cette prison. Il lui révéla qu'en attachant un fil à l'entrée du labyrinthe et en le suivant, on pouvait retrouver son chemin. Ariane partagea ce secret avec Thésée, à condition qu'il l'emmène avec lui à Athènes et l'épouse.

EN PLEIN CŒUR DU LABYRINTHE

Thésée accepta la proposition et entra courageusement dans le labyrinthe. Après avoir marché à travers chambres, passages secrets et couloirs interminables, il trouva enfin le Minotaure endormi dans une pièce. Sans hésitation, il sauta sur la bête, l'écrasa et le roua de coups puissants. La fureur de Thésée était inégalée, chaque coup résonnant comme un écho dans la pièce. Après un certain temps, le Minotaure gisait sans vie sous le héros triomphant. Épuisé mais heureux, Thésée suivit ensuite le fil qu'il avait apporté, accompagné des autres Athéniens et, ensemble, ils s'échappèrent et prirent la mer avec Ariane pour rejoindre Athènes.

Il existe plusieurs versions de ce qui est arrivé à Thésée et aux autres Athéniens lors de leur voyage de retour vers Athènes. Dans l'une d'entre elles, Thésée abandonne Ariane sur l'île de Naxos et retourne seul à Athènes, provoquant ainsi le désespoir d'Ariane qui se pend après avoir sauvé l'homme qu'elle aimait. D'autres racontent que, bien qu'abandonnée, Ariane rencontre Dionysos, lequel la réconforte et la prend finalement pour épouse. Quelle que soit la version, Thésée retourne chaque fois à Athènes sans la femme qui lui avait sauvé la vie.

Alors que son navire s'approchait d'Athènes, Thésée oublia une promesse faite à son père avant de partir. Le roi avait demandé à son fils de mettre des voiles blanches sur son navire à son retour pour signifier le succès de sa quête. Dans sa négligence, Thésée omit ce détail et, lorsque le roi vit que le navire portait des voiles noires, il fut convaincu que son fils était mort. Accablé, il se jeta depuis les rivages rocheux et s'écrasa dans la mer. Avec la mort d'Égée, Thésée devint le nouveau roi d'Athènes. En réalisant que son père était décédé à cause de sa négligence, il donna son nom à la mer où il avait perdu la vie : la mer Égée.

LE SAVIEZ-VOUS ?

Le nom du Minotaure provient des mots grecs *minos* et *taúros*, qui font référence à son père adoptif, le roi Minos. Son nom signifie donc « Le Taureau de Minos ». Cependant, son véritable nom est Astérion, traduit par « Stellaire », un hommage à son grand-père adoptif et au premier roi de Crète, Astérion I.

6e petite HISTOIRE

TOUT L'OR DU MONDE AU BOUT DES DOIGTS

« Et n'est-ce pas une plaisante richesse que celle dont l'abondance n'empêche pas de mourir de faim ? C'est comme ce Midas de la mythologie, dont le vœu cupide faisait changer en or tous les mets de sa table. » – *La Politique*, Aristote

Qui n'a jamais rêvé d'avoir la richesse et la fortune à portée de main ? Les Grecs de l'Antiquité avaient compris très tôt que l'or et la fortune étaient la force qui faisait bouger le monde et qu'elle était convoitée à tout prix. Aujourd'hui encore, les choses n'ont pas beaucoup changé et la richesse règne toujours en maître sur le monde. L'histoire de l'or de Midas nous enseigne les dangers de la cupidité humaine et nous rappelle que le bonheur ne se construit pas sur des montagnes d'or et de trésors. Parfois, en essayant d'en avoir toujours plus, on finit par regretter ce qu'on avait à l'origine, et ça, le roi Midas le comprit très vite lorsqu'il commença à avoir faim et soif...

LE SOUHAIT DE MIDAS

Midas était un roi très fortuné de Phrygie, une région d'Asie Mineure qui avait reçu un jour la visite d'un vieux satyre titubant et complètement ivre. Ce vieux satyre, c'était Silène, le père adoptif et le tuteur du dieu de la vigne, Dionysos. On l'avait retrouvé chancelant et zigzagant dans la campagne phrygienne, et il avait été ramené auprès du roi pour être présenté. En voyant le satyre devant lui, Midas reconnut immédiatement le compagnon du dieu du vin. Le roi était un adorateur de Dionysos et il décida donc d'organiser pour le satyre une grande fête qui dura 10 jours et 10 nuits.

Ils s'étaient régalés, avaient bien bu et avaient fait la fête jusqu'au lever du jour ; ils profitaient des célébrations jusqu'au jour où Dionysos lui-même se présenta devant le roi. En voyant que son père adoptif était sain et sauf et qu'en plus de cela, il avait été diverti et comblé par le roi, le dieu proposa à Midas de réaliser un de ses souhaits. Sans réfléchir à la bénédiction qui se présentait devant lui, écoutant simplement son cœur cupide qui ne désirait que l'or, il demanda au dieu de la vigne de faire en sorte que tout ce que son corps touche se transforme en or pur.

Dionysos qui, dans sa nature divine, avait déjà compris les conséquences terribles que le souhait pouvait entraîner, le lui accorda en soupirant, triste à l'idée qu'il n'ait pas demandé autre chose. Midas prit ensuite congé du dieu et partit se promener le sourire aux lèvres. Il voulut bien évidemment tester son nouveau pouvoir et toucha tour à tour plusieurs objets différents.

TOUT SE TRANSFORME EN OR...

Le petit caillou qu'il avait ramassé se transforma effectivement en pépite d'or, tout comme la branche de l'arbre devenue lisse et brillant d'une lumière dorée éclatante, et finalement, alors qu'il était assis sous un magnifique pommier, une pomme tomba dans ses mains, se transformant elle aussi en or. Elle ressemblait désormais à l'une de ces pommes d'or tant convoitées et protégées par les filles d'Atlas, les Hespérides. Midas était aux anges.

Sur le chemin de retour, il était tellement réjoui par son nouveau don qu'il eut beaucoup de mal à contenir son grand sourire et sa gaieté. En arrivant chez lui, il se rendit compte que cela faisait un bon moment qu'il n'avait rien mangé et qu'il avait très faim. Alors qu'il était assis à sa table à manger, prêt à dévorer le somptueux repas que ses serviteurs lui avaient préparé, il réalisa finalement l'erreur monumentale qu'il avait commise en choisissant cette bénédiction. Chaque fois qu'il prenait le pain entre ses doigts, la miche se transformait en or massif instantanément. Lorsqu'il essayait de prendre une gorgée de vin ou d'eau, le même phénomène se produisait et de l'or fondu coulait plutôt sur ses lèvres. Le roi comprit qu'il avait beau avoir tout l'or du monde, c'était complètement inutile s'il ne pouvait ni manger ni boire.

LA PITIÉ DU DIEU DU VIN

Midas était abattu, il s'en voulait énormément pour le terrible choix qu'il avait fait en demandant ce vœu maudit. Il était l'homme le plus riche du monde, certes, mais aussi le plus malheureux. Alors que la faim et la soif le consumaient petit à petit, il tomba à genoux, leva les mains vers les cieux et implora Dionysos de le délivrer de cette fausse bénédiction.

Après avoir entendu les supplications du roi dévasté, Dionysos descendit de l'Olympe et lui ordonna d'aller se baigner dans le Pactole, une rivière du royaume de Lydie. Midas obéit et partit aussitôt. Après un long voyage, il trouva finalement la rivière en Lydie et s'empressa d'y plonger. Au moment même où son corps toucha l'eau, un éclat doré quitta son corps et entra dans la rivière. Aujourd'hui encore, on raconte que les eaux du Pactole brillent d'un éclat doré et que le fond de la rivière est parsemé d'or.

LE SAVIEZ-VOUS ?

Le roi Midas est probablement inspiré d'un véritable roi du même nom, qui vécut autour du VIIIe siècle av. J.-C. à Gordion, la capitale de l'ancienne Phrygie, aujourd'hui en Turquie. En 1957, le Musée d'archéologie et d'anthropologie de l'université de Pennsylvanie a fait des fouilles dans les ruines de Gordion et a découvert un tombeau qui aurait appartenu soit au légendaire roi Midas, soit à son père, le roi Gordias.

7e petite HISTOIRE

UN REGARD PÉTRIFIANT !

La Gorgone Méduse est sans nul doute l'une des créatures les plus reconnaissables de la mythologie grecque. Après tout, il est difficile de ne pas la reconnaître avec ses cheveux de serpents ondulants, ses défenses de sanglier et, bien sûr, son fameux regard pétrifiant. Elle incarne la terreur à l'état pur. Malgré cette réputation effrayante, l'histoire de Méduse est en réalité l'une des plus tragiques.

UNE TRANSFORMATION TRAGIQUE

Autrefois, bien avant sa transformation, Méduse était l'une des plus belles femmes ayant jamais vécu. Sa beauté éblouissante et ses longs cheveux ambrés faisaient l'envie de toutes celles qui croisaient son chemin. C'était une prêtresse dévouée à la déesse Athéna, passant ses journées à prier dans l'enceinte sacrée de son temple. Malheureusement pour elle, sa beauté attira une attention non désirée. Un jour, alors qu'elle vaquait tranquillement à ses occupations habituelles, le dieu de la mer, Poséidon, la visita. Cette visite bouleversa la vie de Méduse et changea le cours de son destin.

Poséidon, ébloui par la beauté de Méduse, tenta de la séduire. Fidèle à son serment de virginité envers Athéna, elle refusa ses avances. Cependant, Poséidon est un dieu grec, et les dieux grecs n'acceptent pas facilement le refus. Alors, aveuglé par l'orgueil, il prit Méduse de force, brisant ainsi le vœu de chasteté qu'elle avait fait à Athéna.

Lorsque la déesse apprit que l'une de ses prêtresses avait enfreint le serment sacré de virginité, elle fut enragée. Dans sa colère, elle transforma Méduse en une créature monstrueuse, changeant ses cheveux naguère glorieux en serpents venimeux, la condamnant à pétrifier tous ceux qui croiseraient son regard. Athéna était indifférente au fait que toute cette situation était en réalité la faute de Poséidon et de son désir incontrôlé. Pour elle, la jeune prêtresse avait failli à ses vœux et méritait d'être punie. Ainsi, Méduse, autrefois une prêtresse sublime et respectée de tous, se retrouva condamnée à errer sur Terre sous cette forme hideuse.

PERSÉE ET POLYDECTÈS

Mais l'histoire de la Gorgone ne se termine pas là. Elle est principalement connue aujourd'hui pour son rôle dans l'histoire du héros Persée. La mère de Persée, Danaé, avait été réduite en esclavage par le roi Polydectès, qui était éperdument amoureux d'elle. Le jeune héros ne pouvait supporter de voir sa mère prisonnière, il décida donc de passer un accord avec le roi pour tenter de la libérer. Le roi lui confia la tâche de trouver et de tuer Méduse et de lui apporter sa tête. Le plan du roi était évident : la Gorgone était connue dans le monde entier comme l'une des créatures les plus mortelles et il voulait simplement envoyer Persée à une mort certaine. Néanmoins, le héros accepta la quête et se mit en route.

LES SŒURS GORGONES

Persée était le fils de Zeus, il reçut donc beaucoup d'aide de la part des dieux avant d'entreprendre sa quête. Parmi les cadeaux offerts, il y avait une paire de sandales ailées d'Hermès, une épée forgée par Héphaïstos et un bouclier en bronze réfléchissant offert par Athéna. Armé de ses nouveaux artefacts magiques, il vola jusqu'à la caverne où vivaient les trois sœurs Gorgones : Méduse, Euryale et Sthéno. Guidé par son bouclier réfléchissant, il se fraya soigneusement un chemin à travers la caverne, veillant à ne pas se faire repérer par qui que ce soit. Puis, il tomba enfin sur Méduse endormie. S'approchant avec précaution, d'un geste vif de son épée, il lui trancha la tête. La tête fut à peine tombée qu'un magnifique étalon ailé surgit de la blessure. C'était Pégase, la créature née du viol de Méduse par Poséidon. Une fin tragique pour une femme qui n'avait rien demandé mais qui avait fini par être la victime de la cruauté des dieux comme tant d'autres avant elle.

Persée mit ensuite la tête de la Gorgone dans la besace qu'il avait amenée avec lui, puis retourna chez le roi Polydectès. Avec la tête de Méduse, il transforma le roi en pierre et libéra sa mère. Méduse n'était plus de ce monde, mais son influence était plus forte que jamais. Même après sa mort, sa tête devint un symbole de terreur qui fut utilisé à plusieurs reprises comme arme. Lorsque sa tête fut finalement rendue à Athéna, elle la plaça sur son bouclier, comme moyen d'effrayer tous ceux qui lui étaient opposés. Dans une étrange ironie du destin, la tête de la femme injustement punie par les dieux se retrouvait à décorer le bouclier de celle responsable de sa misère pour l'éternité.

LE SAVIEZ-VOUS ?

Dans la Grèce antique, le *Gorgonéion*, une amulette représentant la tête de Méduse, était utilisé comme un bouclier ou un charme très puissant qui protégeait du mal. On retrouvait donc la tête de Méduse sur plusieurs portes, poteries et temples, où elle servait à effrayer les esprits malveillants et à protéger contre le mauvais œil. Son utilisation était similaire à celle des gargouilles qu'on retrouve souvent sur les églises médiévales, qui étaient également utilisées à l'époque comme gardiennes repoussant les esprits maléfiques.

8e petite HISTOIRE

CONDAMNÉE À TISSER POUR L'ÉTERNITÉ

L'hubris est souvent considérée comme une transgression très grave dans la mythologie grecque. Les mortels qui affichent un orgueil excessif et de l'arrogance font souvent face à des conséquences démesurées pour avoir défié l'autorité des dieux. Un exemple saisissant de cette arrogance divine est la façon dont Athéna a puni Arachné après leur concours de tissage.

LE TALENT D'ARACHNÉ

Arachné était une jeune femme issue d'une famille de marchands assez pauvres de Lydie. Mais elle avait en elle un talent inné pour l'art du tissage et du filage. Dès son plus jeune âge, il était évident que la jeune fille avait un don unique et ce talent ne fit que croître au fil des années. Bientôt, elle fut reconnue comme la meilleure tisserande de toute la Lydie, voire de toute l'Anatolie. On racontait que même les belles nymphes du mont Tmolus et de la rivière Pactole quittaient leurs domaines naturels rien que pour avoir la chance d'admirer de plus près son merveilleux travail.

Un jour, après avoir entendu les nymphes proclamer qu'elle devait avoir été formée par Athéna elle-même pour être aussi talentueuse, Arachné, au lieu d'être flattée, s'était plutôt indignée. Elle répondit fièrement, le menton relevé, que son talent dépassait de loin celui de la déesse. Il faut se rappeler qu'Athéna, en plus d'être la déesse de la guerre et de la sagesse, était également la déesse patronne du tissage. Alors, quand elle entendit Arachné se vanter ainsi, elle en fut bien sûr profondément offensée.

Malgré l'affront d'Arachné, Athéna avait décidé de lui offrir une chance de regretter son insolence. Elle prit la forme d'une vieille femme pour dissimuler son apparence divine et descendit sur Terre. Elle avertit alors Arachné des conséquences qui pouvaient s'abattre sur elle en provoquant ainsi les dieux. Mais, au lieu de regretter ses paroles, et sans le moindre remords, Arachné déclara avec fierté qu'elle était prête à mettre ses talents contre ceux de l'Olympienne dans un concours, pour déterminer une bonne fois pour toutes qui était la meilleure.

LE DÉFI D'ATHÉNA

Cette fois, Athéna, elle-même empreinte d'orgueil, ne put ignorer l'insulte. Elle abandonna son déguisement de vieille femme et se révéla dans sa forme divine aux yeux stupéfaits de la jeune fille. Arachné, prise de surprise, n'éprouva toutefois aucune crainte. Au contraire, en constatant qu'il s'agissait bel et bien de la fille de Zeus qui se dressait ainsi devant elle, elle s'efforça résolument de démontrer la supériorité de ses talents.

Alors, sans aucun délai, le concours entre la déesse et la mortelle débuta. L'Olympienne créa une merveilleuse tapisserie représentant les champs de Mars et le Panthéon olympien dans toute sa gloire et sa puissance. Elle avait également tissé quelques scènes de sa célèbre victoire dans la compétition qui l'opposa au dieu de la mer, Poséidon, et qui fit d'elle la déesse patronne de la ville d'Athènes. C'était véritablement l'œuvre d'une déesse et la beauté de l'ouvrage était indéniable. Il était également très clair qu'elle souhaitait prouver, à travers son travail, que les dieux immortels étaient infiniment supérieurs en tous points aux mortels.

Arachné, de son côté, avait décidé de représenter la princesse Europe en train d'être enlevée par Zeus alors qu'il était déguisé en un magnifique taureau. Son travail était stupéfiant, si réaliste que l'on aurait pu croire que tous les éléments de sa tapisserie étaient bien réels. Elle montrait également le côté sombre des dieux, débordants de rage, commettant l'adultère. Son but était clairement de montrer que les dieux grecs, aussi grands qu'ils fussent, étaient également profondément imparfaits et espiègles.

RÉPERCUSSIONS ET PUNITION

Une fois les deux œuvres achevées, Athéna jeta un regard sur la tapisserie d'Arachné. Bien que l'œuvre elle-même fût véritablement magnifique et sans défaut, même à ses yeux, elle demeurait furieuse du fait que l'insolente avait osé dépeindre les dieux d'une manière aussi peu flatteuse. Ainsi, dans un accès de colère, elle détruisit l'œuvre d'Arachné sans la moindre hésitation.

Toujours furieuse, Athéna frappa alors Arachné à la tête avec sa navette de tissage et la jeune fille humiliée décida de se pendre de honte. Mais après un moment, la déesse eut pitié d'elle et, au lieu de la laisser mourir, elle utilisa une potion créée par la déesse Hécate pour transformer Arachné en une araignée, condamnant ainsi la jeune fille et toute sa descendance à tisser pour l'éternité.

LE SAVIEZ-VOUS ?

Le tissage était un art très important dans la Grèce antique. Il était utilisé dans certains rituels religieux centrés autour de la déesse Athéna. Pendant les Panathénées, des fêtes religieuses qui lui étaient dédiées, les prêtresses de la déesse tissaient pour elle un péplos (une sorte de longue tunique féminine) sacré qu'elles mettaient ensuite sur la statue dédiée à l'Olympienne. Le péplos était généralement très détaillé et servait à perpétuer la gloire d'Athéna.

9e *petite* HISTOIRE

QUATRE JAMBES LE MATIN, DEUX JAMBES LE MIDI ET TROIS JAMBES LE SOIR…

Parmi toutes les créatures étranges et merveilleuses issues de la mythologie grecque, le Sphinx, gardien de la connaissance et des secrets des hommes, est sans aucun doute l'une des plus énigmatiques. Cette créature, à la tête de femme, au corps de lion et aux ailes d'aigle, a joué le rôle d'épreuve dans l'histoire du prince Œdipe. C'est en faisant preuve de courage et en surmontant cet obstacle qu'il put finalement accomplir son destin en devenant le roi de Thèbes.

LE GARDIEN DE THÈBES

Le Sphinx était la progéniture de Typhon et d'Échidna, deux créatures effroyables considérées comme le père et la mère de tous les monstres de la mythologie grecque. Un jour, l'un des rois de Thèbes, Laïos, commit une faute très grave. Pour le punir, lui ainsi que son peuple, Héra envoya le monstre pour les terroriser. On raconte que le Sphinx avait appris une énigme des nymphes qui vivaient sur le mont Phicium, et s'était posté à l'entrée de Thèbes où, chaque jour, il l'énonçait en ces termes à tous ceux qui passaient par là : « Qu'est-ce qui a une seule voix et a quatre jambes le matin, puis deux jambes à midi et trois jambes le soir ? »

Pendant très longtemps, personne ne parvint à résoudre l'énigme et de nombreux individus périrent, dévorés par la créature. Les Thébains, qui avaient appris d'un oracle que quiconque résoudrait l'énigme du Sphinx mettrait également fin à leur malédiction et délivrerait la ville du monstre, échouèrent tous les uns après les autres, malgré leurs vaillants efforts. Finalement, le fils du roi subit le même sort et fut englouti tout entier. Alors, dans une tentative ultime et désespérée de se débarrasser une bonne fois pour toutes du Sphinx, Créon, le nouveau roi de Thèbes et beau-frère de Laïos, déclara que quiconque résoudrait l'énigme recevrait de lui son titre de roi, son royaume et la main de sa sœur Jocaste, en récompense.

LE DESTIN D'ŒDIPE

C'est là que le héros Œdipe arrive dans l'histoire. Œdipe était le fils du roi Laïos et de la reine Jocaste de Thèbes. À sa naissance, une prophétie annonça qu'il tuerait son père et épouserait sa propre mère. Craignant cette prophétie, le roi l'abandonna, et Œdipe fut finalement trouvé et élevé à Corinthe par le roi Polybe. Des années plus tard, Œdipe apprit d'un oracle qu'il tuerait son père et épouserait sa mère. Pensant que Polybe était son vrai père, le jeune homme jura de ne jamais retourner à Corinthe pour empêcher la prophétie de se réaliser. Mais malheureusement pour lui, il n'y a pas d'échappatoire au destin.

Un jour, alors qu'il marchait sur une route de campagne, il rencontra le roi Laïos et quelques-uns de ses hommes à un carrefour. Œdipe n'avait aucune idée que l'homme qui se trouvait devant lui était son père biologique. À la suite d'un différend entre les deux hommes, Œdipe, dans un accès de rage, le tua involontairement. Il ne le réalisait pas, mais à ce moment-là, il venait d'accomplir la première partie de la prophétie annoncée.

L'ÉNIGME DU SPHINX

Plus tard, en arrivant à Thèbes, Œdipe se rendit compte que la ville était prise au piège par un Sphinx qui ne laissait passer aucun voyageur sans leur demander de répondre à son énigme. Mais au lieu de craindre la créature comme tout le monde, il décida d'aller voir directement le monstre et de lui faire face. Après avoir écouté attentivement l'énigme du Sphinx, il répondit fièrement et sans aucune hésitation que la réponse était l'homme : l'homme, au matin de sa vie, marche à quatre pattes ; à midi, il marche sur ses deux jambes ; et puis finalement, au soir de son existence, il utilise une canne, telle une troisième jambe, pour soutenir le poids de la vieillesse. Surpris et humilié qu'une personne eût finalement trouvé la réponse à son énigme, le Sphinx se jeta du haut de la falaise et mit fin à ses jours.

Après son triomphe, Œdipe monta donc sur le trône de Thèbes et épousa sa mère, la reine Jocaste. Il scella ainsi son destin tragique de manière involontaire. L'histoire prend un tournant malheureux lorsque, résolu à élucider le mystère derrière la terrible peste qui tourmentait Thèbes, Œdipe découvrit la vérité de la prophétie qu'il avait tant redoutée plus jeune. Il en vint à réaliser que c'était lui qui avait tué son père, le roi Laïos, par accident et qu'il avait épousé sa mère, Jocaste, après sa victoire contre le Sphinx. Accablée par cette révélation lugubre, Jocaste mit fin à ses jours tandis que, dans sa détresse, Œdipe se creva les yeux et choisit de s'exiler, abandonnant ainsi une cité plongée dans le chaos et la souffrance.

LE SAVIEZ-VOUS ?

La représentation du sphinx chez les Grecs est née de l'influence égyptienne, puisant clairement leur inspiration dans le gardien éternel de la mythologie égyptienne, mais en lui insufflant des caractéristiques uniques. Le sphinx égyptien était un lion avec la tête d'un pharaon ou d'un dieu et était généralement présenté comme un gardien bienveillant protégeant les temples et les tombes. En revanche, le sphinx grec avait le corps d'un lion, les ailes d'un oiseau et la tête d'une femme. Contrairement au sphinx égyptien, il était présenté comme une créature impitoyable.

10e petite HISTOIRE

UN AMOUR LUNAIRE !

L'amour entre les humains et les dieux n'est pas inhabituel dans la mythologie grecque. Après tout, Zeus à lui seul contribue à un grand nombre de ces liaisons adultérines, entraînant la naissance de demi-dieux tels qu'Héraclès et Persée. Cependant, il existe une histoire d'amour entre une déesse et un mortel qui n'est pas du tout comme les autres : celle de Séléné et Endymion.

L'histoire d'amour entre Séléné et Endymion a inspiré d'innombrables artistes et auteurs à travers l'histoire, probablement parce que leur union défie les frontières habituelles qui séparent les dieux et les hommes.

ELLE COUVRE LE MONDE DE SA LUMIÈRE ARGENTÉE

Séléné, fille des Titans Théia et Hypérion, était la personnification de la lune, ce qui fait d'elle l'une des déesses les plus anciennes et les plus importantes de la mythologie grecque. On la décrivait comme une femme d'une beauté saisissante, aux traits élégants. Elle avait deux grandes ailes déployées sur le dos et était coiffée d'un diadème, duquel émanait une douce lumière qui éclairait délicatement l'obscurité environnante. Le dramaturge Eschyle la qualifiait d'œil de la nuit. Tout comme son frère Hélios, dieu du soleil, elle traversait quotidiennement les cieux dans un char tiré par deux chevaux d'un blanc immaculé.

Endymion, quant à lui, était, selon les versions, un berger, un chasseur ou un roi. Ce qui est certain, c'est que c'était un homme mortel, connu pour sa beauté extraordinaire et pour sa vigueur. Les femmes de toute la Grèce ne pouvaient s'empêcher de l'admirer et même les fières déesses de l'Olympe n'étaient pas immunisées contre son charme. Sa beauté était si captivante qu'un jour, la déesse de la lune, tandis qu'elle chevauchait son char lunaire à travers le ciel nocturne, décida de descendre sur Terre pour lui rendre visite.

LE BERGER ET LA LUNE

Le jeune berger se reposait paisiblement dans une grotte du mont Latmos lorsque la magnifique déesse vint à lui. Frappée et ensorcelée par sa beauté, elle s'approcha jusqu'à ce que leurs visages soient si près l'un de l'autre qu'elle puisse sceller leur amour par un doux baiser. Dès lors, chaque jour, tandis qu'elle parcourait les cieux, illuminant le monde de sa lueur argentée, elle prenait un moment pour descendre sur Terre et étreindre son amant. Mais Séléné réalisa bientôt que cette situation ne pouvait pas durer éternellement en raison de la mortalité d'Endymion.

Incapable de supporter l'idée de ne plus jamais le revoir, elle décida de le plonger dans un sommeil éternel, où il resterait jeune et immuable pour l'éternité. À partir de ce moment-là, la déesse de la lune continua de revenir sur Terre jour après jour pour se blottir auprès de lui jusqu'au moment où elle devait inévitablement regagner son char céleste pour poursuivre sa route quotidienne à travers le ciel. Cette histoire évoque l'amour éternel entre le divin et le terrestre, transcendant le temps lui-même et toutes les épreuves pour préserver la beauté de leur passion.

Dans une autre version du même mythe, Endymion se vit accorder un vœu par Zeus. Après avoir longuement réfléchi, Endymion décida de dormir pour l'éternité afin de préserver sa jeunesse éternelle et sa beauté.

LEUR AMOUR PORTE SES FRUITS

Ce qui est certain, c'est que dans toutes les versions de l'histoire, Séléné finit toujours par passer beaucoup de temps dans les bras de l'homme endormi, et l'inévitable finit par se produire. Leur amour porta ses fruits et elle donna naissance à cinquante filles. Elles représentaient les cinquante mois du cycle olympique de quatre ans, une unité temporelle utilisée dans la Grèce antique, définie par deux jeux olympiques.

L'histoire d'amour entre l'homme et la lune nous donne un aperçu de la façon dont les Grecs de l'Antiquité percevaient l'importance des liens célestes. À ce jour, elle demeure l'un des mythes classiques les plus emblématiques.

La lune était très importante dans les croyances des Grecs. En plus d'être un sujet récurrent dans les mythes et les légendes, associée à des divinités puissantes telles qu'Artémis et Hécate, la lune avait un impact significatif sur les rituels, la magie et la fertilité. Il y avait même un festival organisé chaque année à Athènes pour célébrer la pleine lune, le festival de Pandia. Pandia aurait pu être une épithète de Séléné, mais selon l'hymne homérique qui lui est dédié, il aurait aussi pu s'agir du nom de la fille qu'elle avait eue avec Zeus.

LE SAVIEZ-VOUS ?

Aujourd'hui, Séléné prête son nom au sélénium, un élément chimique essentiel dans la fabrication de pigments et utilisé en électrophotographie. Le chimiste suédois qui a découvert le sélénium en 1817, Jöns Jacob Berzelius, l'a nommé ainsi en référence à la lune et pour refléter l'association de l'élément avec le tellure.

11e petite HISTOIRE

IL BRAVE LES ENFERS PAR AMOUR POUR SA FEMME

Dès son plus jeune âge, le demi-dieu Orphée démontrait déjà des talents qui rivalisaient avec ceux de son père, Apollon. Après tout, quand on est le fils d'un dieu et d'une muse, on est forcément destiné à un avenir exceptionnel. Orphée faisait partie de ces héros de la mythologie grecque qui, dès leur naissance, se distinguaient des autres grâce à leurs compétences largement supérieures. Pour lui, il s'agissait bien sûr de compétences musicales hors du commun.

LE MAÎTRE DE LA MUSIQUE ET LA NYMPHE DES BOIS

Tout le monde était fasciné de voir comment, par instinct, il pouvait donner vie à la musique de la manière la plus belle qui soit. Il excellait particulièrement avec la lyre, qu'il pratiquait souvent dans les forêts de Thrace où il avait grandi. C'est là qu'il avait affiné son talent inné pour la musique en jouant et en chantant chaque jour. Les hommes, les nymphes et même les animaux étaient tous bercés et hypnotisés par sa musique. Même les objets inanimés comme les arbres et les rochers prenaient vie après avoir entendu sa voix pure et mélodieuse.

Orphée est aussi connu pour son histoire d'amour tragique avec la nymphe Eurydice. Un jour, alors qu'Eurydice se promenait dans les bois, elle entendit le son magnifique d'une lyre à proximité et ne put s'empêcher de suivre la mélodie pour voir qui en était la source. Lorsque Orphée la vit s'approcher, il fut immédiatement frappé par sa beauté et ne pouvait plus détacher ses yeux d'elle. Eurydice, elle aussi, ne put s'empêcher de tomber instantanément amoureuse de lui. C'était le début de l'une des plus belles histoires d'amour connues des hommes.

Pour sceller leur amour, le couple avait décidé de se marier. Le mariage avait même été béni par le dieu du mariage, Hyménaios. Malheureusement pour les jeunes mariés, ce moment de bonheur fut de courte durée. Un autre homme, un berger nommé Aristée, était lui aussi profondément amoureux d'Eurydice. Il avait décidé de mettre en place un plan pour se débarrasser d'Orphée et enlever Eurydice. Il se cacha dans un buisson et y attendit patiemment son rival pour le surprendre. Mais les choses ne se déroulèrent pas comme prévu et le couple s'échappa de lui à la course. En courant aussi vite qu'elle le pouvait, Eurydice ne remarqua pas une vipère tapie dans les hautes herbes et en la piétinant, elle se fit mordre. Le venin du serpent était mortel et en quelques minutes seulement, elle rendit l'âme dans les bras de l'homme qu'elle aimait.

VOYAGE EN ENFER

Après la mort de la seule femme qu'il ait jamais aimée, Orphée était inconsolable. Sa musique, autrefois pleine de vie et envoûtante, était désormais mélancolique et terne. Sans sa bien-aimée à ses côtés pour partager sa musique, ce n'était plus le même homme et peu à peu sa volonté de vivre s'estompa. Après un certain temps, il décida que la seule chose qui lui restait à faire était de descendre lui-même aux Enfers pour la ramener. Mais personne ne pouvait simplement errer ainsi dans le royaume d'Hadès, c'est pourquoi il chercha d'abord l'aide de Zeus. Il supplia les dieux de lui permettre d'accéder au monde souterrain, et après avoir vu à quel point il était triste, les dieux n'eurent d'autre choix que d'accepter sa demande.

Orphée n'avait ni épée, ni objet magique, ni armure avec lui lorsqu'il s'aventura dans les Enfers. Mais il avait avec lui quelque chose de bien plus précieux : sa voix, son talent et sa lyre. En suivant le long chemin sombre qui le conduisait de plus en plus profondément en enfer, il jouait magistralement sa musique, rien ne pouvait l'arrêter. Il parvint même à apaiser et endormir le redoutable Cerbère, le chien à trois têtes, gardien des portes d'Hadès, en jouant une berceuse enchanteresse. Cela lui permit de passer au-delà de la bête et d'avoir la chance de parler avec le roi et la reine des Enfers : Hadès et Perséphone.

En écoutant la raison de sa visite, ils ne purent s'empêcher de s'émouvoir devant la sincérité du musicien. Perséphone parvint même à convaincre Hadès de faire une exception et de répondre à la demande d'Orphée. Il accepta, mais à une seule condition : Eurydice pouvait quitter les Enfers, mais seulement si Orphée promettait de ne jamais la regarder tant qu'ils se trouveraient encore dans le royaume des morts. Le musicien accepta sans hésitation et prit le chemin de retour avec sa bien-aimée qui le suivait en silence.

UNE ERREUR FATALE

Après avoir marché pendant ce qui semblait être une éternité, Orphée vit enfin au bout du tunnel la lumière éclatante du jour percer les ténèbres à travers les portes de l'enfer. Enfin, une fois à l'extérieur, il ne put s'empêcher, dans son excitation, de se retourner pour regarder sa femme. En un instant, Eurydice, qui se trouvait encore à l'intérieur, fut ramenée de force dans le monde souterrain. Le cœur d'Orphée s'effondra, il était tout simplement dévasté. Il savait très bien que sa négligence venait de condamner sa femme pour l'éternité. L'entrée du monde souterrain se referma et il comprit que cette fois-ci, il n'y aurait pas de seconde chance pour lui.

LE SAVIEZ-VOUS ?

Orphée prête son nom au mystérieux culte de l'orphisme qui est basé sur la notion que nos vies et actions sur Terre ont un impact direct sur notre salut. Dans la Grèce antique, ceux qui suivaient les enseignements de l'orphisme croyaient qu'Orphée lui-même avait initialement fondé le culte.

12e petite HISTOIRE

CONDAMNÉ AU CHÂTIMENT ÉTERNEL POUR AVOIR TROMPÉ LA MORT

Malheur à ceux qui tentent de tromper la mort et de défier le cycle naturel de la vie. Même nos efforts les plus audacieux ne peuvent altérer le destin et cet apprentissage coûtera très cher à Sisyphe, le roi de Corinthe.

UN ROI SOURNOIS

Sisyphe n'était pas réputé pour être le roi le plus exemplaire. Au contraire, c'était un homme avare et vicieux, réputé pour être aussi rusé que cruel.

Parmi toutes ses manigances, il est surtout connu aujourd'hui pour être l'homme qui a trompé la mort non pas à une, mais à deux reprises. Dans la mythologie grecque, la mort est personnifiée par le dieu Thanatos, l'un des dieux les plus anciens et les plus puissants. Il était le fils de Nyx, la déesse primordiale de la nuit, une divinité que même Zeus craignait. Son rôle était simple mais crucial pour l'équilibre du monde : Thanatos recueillait les âmes des défunts et veillait à ce qu'elles aboutissent toutes à leur juste place dans le monde d'Hadès. Sans lui, le cycle naturel de la vie serait tout simplement rompu.

Un jour, Sisyphe s'était attiré la fureur de Zeus après avoir révélé au dieu du fleuve, Asopos, que c'était le roi de l'Olympe qui avait enlevé sa fille, la nymphe Égine. Il avait révélé ce secret en échange d'une source d'eau intarissable. Lorsque le roi des dieux découvrit que Sisyphe était celui qui avait vendu son secret, il convoqua Thanatos et lui ordonna d'aller à sa poursuite, de prendre son âme et de le traîner de force jusqu'aux Enfers.

Lorsque le dieu de la mort rattrapa enfin Sisyphe, il prépara ses chaînes indestructibles et s'apprêtait à le ligoter, mais il fut interrompu par le roi. Sisyphe eut une idée brillante ; il demanda innocemment à Thanatos de lui montrer comment fonctionnaient ses chaînes et à quel point elles étaient solides. Thanatos, sans se douter de rien, démontra alors la puissance de ses chaînes en se ligotant lui-même devant le roi. Ensuite, il demanda à Sisyphe de le libérer, mais ce dernier refusa et prit la fuite, fier de son coup. Le dieu de la mort était très puissant certes, mais pas nécessairement le plus malin.

PLUS PERSONNE NE MEURT !

Avec Thanatos enchaîné, son rôle en tant que dieu de la mort avait été interrompu, plongeant le monde dans le chaos. Si cette situation pouvait être accueillie avec joie par certaines personnes, elle suscita la colère des dieux. Arès et Hadès en particulier étaient profondément mécontents de ces circonstances. Après tout, Arès, en tant que dieu de la guerre, prospérait dans la mort et le sang versé des guerriers. De ce fait, les batailles dénuées de conséquences perdirent du jour au lendemain toute leur signification. À quoi bon faire la guerre si personne ne meurt ? Hadès, de son côté, ne recevait plus personne dans son royaume puisque Thanatos n'était plus là pour les guider. C'est pourquoi Arès prit l'initiative d'aller lui-même à Corinthe pour libérer Thanatos et rétablir l'ordre naturel du monde. Une fois libéré, le dieu de la mort s'empara de Sisyphe et l'entraîna de force vers les Enfers.

Mais Sisyphe avait plus d'un tour dans son sac et avait anticipé la situation. Il se doutait bien qu'un dieu ne pouvait pas rester enchaîné pour l'éternité. Alors, juste avant de se laisser traîner aux Enfers par Thanatos, il laissa un message à sa femme. Il lui avait dit de ne pas compléter les rituels funéraires habituels et de laisser son corps tel quel. Ensuite, lorsqu'il arriva dans le royaume des morts, il se rendit directement auprès de la déesse Perséphone et la supplia de le renvoyer dans le monde des vivants pour qu'il puisse être auprès de sa femme et ainsi lui indiquer comment accomplir correctement les rites funéraires en sa mémoire.

Perséphone accepta, mais bien évidemment, Sisyphe n'avait pas la moindre intention de poursuivre les rites funéraires et cherchait tout simplement un moyen d'échapper à Hadès. C'est ainsi que Sisyphe déjoua la mort pour la deuxième fois.

LE FARDEAU ÉTERNEL

À partir de là, de nombreuses versions diffèrent quant à ce qui lui est arrivé par la suite. Dans l'une d'entre elles, il vécut le reste de sa vie sans aucun incident et mourut de vieillesse. Dans une autre, Zeus était tellement furieux qu'il envoya Hermès à sa recherche pour le ramener définitivement aux Enfers. Toutefois, après sa mort, tous les récits se rejoignent pour faire subir le même sort à Sisyphe : il allait amèrement regretter d'avoir défié la volonté des dieux. En effet, lorsqu'il rendit l'âme pour de bon, il fut envoyé au Tartare, la partie la plus profonde des Enfers où étaient enfermés les criminels les plus dangereux de la mythologie grecque. C'est là que Zeus le condamna à faire rouler un énorme rocher de la base jusqu'au sommet d'une colline très escarpée. Mais le châtiment ne s'arrêtait évidemment pas là : à chaque fois qu'il était sur le point d'atteindre le sommet, le rocher retombait en bas de la colline, obligeant Sisyphe à le faire rouler à nouveau vers le haut, et ainsi de suite, pour l'éternité.

LE SAVIEZ-VOUS ?

L'expression française « le rocher de Sisyphe » tire sans surprise son origine du châtiment de Sisyphe. Aujourd'hui, on utilise cette expression pour faire référence à une tâche ou un travail qui est dénué de sens et qui semble interminable. Tout comme Sisyphe qui, jour après jour, pousse son rocher en sachant très bien qu'il redescendra, certaines personnes accomplissent certaines tâches chaque jour, sachant très bien qu'elles ne se termineront jamais.

13e petite HISTOIRE

LE FRUIT À L'ORIGINE DE LA GUERRE DE TROIE

Comment un simple fruit peut-il être à l'origine de l'un des plus grands conflits de la mythologie grecque ? Eh bien, ce n'est pas tant le fruit en question qui est en cause que l'inscription se trouvant dessus : « À la plus belle ». Nous savons désormais que les dieux grecs sont loin d'être parfaits. Ils avaient tout autant, voire plus d'orgueil que les êtres humains. C'est pourquoi ce simple message sur une pomme d'or suffit à piquer l'orgueil de trois déesses et à déclencher la guerre de Troie.

TOUT LE MONDE N'EST PAS INVITÉ...

Tout commence lorsque le roi Pélée et la nymphe Thétis décidèrent de se marier. Pendant les préparatifs, ils avaient commencé à planifier la liste des invités. Tous les dieux et déesses de l'Olympe avaient été invités pour l'occasion, sauf une. Éris, la déesse de la discorde, n'avait pas été invitée pour des raisons évidentes. Il faut dire qu'Éris n'était pas spécialement l'invitée idéale pour une célébration joyeuse comme un mariage : elle avait tendance à semer le chaos et le malheur partout où elle mettait les pieds.

Lorsque Éris se rendit compte qu'elle n'avait pas été invitée au mariage, elle en fut profondément indignée. Alors, pour se venger, elle s'invita elle-même. Mais juste avant de partir, elle ramena avec elle une pomme en or qu'elle avait cueillie dans le jardin des Hespérides. Plus tard, alors que les invités étaient distraits, Éris jeta discrètement la pomme au milieu de la table de banquet, à la vue de tous. La première réaction des invités, en voyant la pomme d'or tombée d'on ne sait où, était la surprise. Puis, la surprise avait rapidement laissé place à la curiosité.

LA DISCORDE EST PLANTÉE

En voyant les mots «À la plus belle» sur le fruit doré, trois déesses se levèrent de leurs sièges pour la réclamer. Héra, Athéna et Aphrodite étaient toutes les trois certaines que le fruit leur était destiné, déclenchant ainsi une querelle entre elles. Héra déclara qu'en tant que reine des dieux, la pomme lui revenait de droit. Athéna annonça qu'elle était la plus sage de toutes les Olympiennes et que la pomme lui était manifestement destinée. Aphrodite, quant à elle, affirma que la pomme était évidemment pour elle puisqu'elle était la plus belle de toutes les déesses.

Zeus dut alors intervenir pour les départager. On lui demanda de choisir quelle déesse méritait de recevoir la pomme tant convoitée mais le roi des dieux savait très bien que, peu importe sa décision, il allait se mettre à dos deux d'entre elles, et ça, il ne pouvait pas le risquer. Après tout, sa propre femme, Héra, déjà de nature jalouse, était parmi elles. Il ne voulait absolument pas la mettre en colère. C'est pourquoi il prit la décision de confier cette responsabilité à un homme mortel : Pâris, le prince de Troie.

LE JUGEMENT DE PÂRIS

Zeus convoqua Hermès et lui ordonna de guider les trois déesses vers le jeune prince pour qu'il puisse prendre une décision. Une fois arrivés là-bas, Hermès expliqua à Pâris ce qu'on attendait de lui. Mais lui aussi, tout comme Zeus, était réticent à faire son choix. Il ne voulait absolument pas décevoir l'une des trois belles déesses qui se tenaient devant lui. Finalement, il céda à leurs demandes et accepta de les juger. Chacune d'entre elles proposa alors un cadeau pour essayer de le soudoyer. Héra lui dit que si elle était choisie, elle ferait de lui le roi de tous les hommes. Athéna lui promit la sagesse, la gloire et la victoire en temps de guerre. Enfin, Aphrodite, un léger sourire aux lèvres, avait décidé de faire appel au désir de Pâris et lui offrit l'amour d'Hélène et la promesse d'un mariage. Hélène était la femme de Ménélas, le roi de Sparte, et elle était considérée comme la plus belle femme sur terre. Pour le prince de Troie, le choix était évident. Suivant son instinct et son désir, il choisit Aphrodite et lui remit la pomme d'or sans trop penser aux conséquences désastreuses qui découleraient de son choix.

Pâris se rendit ensuite à Sparte pour réclamer ce qui lui avait été promis. Il enleva Hélène et la ramena à Troie avec lui. Lorsque Ménélas réalisa que sa femme avait été enlevée, il demanda à son frère, Agamemnon, roi de Mycènes, de l'aider à la récupérer. Ensemble, ils avaient rassemblé plusieurs héros très connus tels qu'Ulysse, Ajax et bien sûr Achille, pour les rejoindre dans leur combat. Et c'est ainsi que commença la guerre de Troie...

LE SAVIEZ-VOUS ?

Aujourd'hui, l'expression « la pomme de discorde » est utilisée pour faire référence à une querelle, une dispute ou bien un désaccord entre deux parties. Vous savez maintenant que cette expression vient à l'origine d'une pomme en or qui déclencha une guerre si importante que l'une des plus grandes villes grecques fut réduite à un tas de ruines et de cendres...

14e petite HISTOIRE

LE GUERRIER AU TALON FRAGILE

Achille est sans aucun doute le plus grand héros de la mythologie grecque. Il n'y a aucune exagération à dire que, sans lui, les Grecs auraient vraisemblablement perdu la guerre de Troie. Sur le champ de bataille, il inspirait tout le monde, alliés comme ennemis, et très peu d'hommes pouvaient rivaliser avec sa force et son expertise. Pour eux, il incarnait tout simplement le guerrier idéal. Mais quelque chose de plus le distinguait des autres. Pour une raison mystérieuse, personne ne pouvait vraiment le blesser et il semblait qu'Achille fut quasiment immortel. Mais alors, qu'a-t-il pu se passer pour qu'un guerrier aussi accompli que lui, presque indestructible, soit finalement vaincu ? Il faut savoir que, si personne ne lui arrivait à la cheville, Achille avait toutefois le talon assez fragile...

LE GUERRIER IDÉAL

Achille avait hérité la plupart de ses talents exceptionnels de ses parents. Il était le fils du roi mortel Pélée et de la nymphe immortelle Thétis, ce qui faisait de lui un demi-dieu. Lorsqu'il naquit, une prophétie révéla qu'il deviendrait un grand héros, aimé et respecté de tous, mais qu'il mourrait jeune lors de la guerre de Troie. Sa mère, Thétis, se souciait profondément de son fils et essayait désespérément de le rendre immortel pour lui éviter un tel destin. Pour ce faire, elle emmena le nourrisson au Styx, le fleuve traversant les Enfers, par où les âmes des morts passaient pour entrer dans le domaine d'Hadès.

C'est là que Thétis, tenant Achille par le bout du talon, le plongea dans l'eau pour le rendre invulnérable. Elle ne le savait pas à ce moment-là, mais ce talon par lequel elle tenait son bébé, parce qu'il ne toucha pas l'eau, deviendrait son seul et unique point faible : elle avait scellé le destin de son fils.

Quelque temps après, alors qu'Achille grandissait, on l'envoya au mont Pélion, auprès du centaure Chiron, pour y recevoir l'éducation d'un vrai guerrier. Chiron était considéré comme le tout premier centaure et il était réputé pour sa sagesse et sa grande intelligence. Il avait formé certains des héros les plus renommés de la mythologie grecque ; il était donc tout naturel pour lui de prendre le jeune garçon sous son aile. Sous les enseignements de Chiron, Achille perfectionna ses compétences et devint très vite un combattant hors pair. Le centaure enseigna à son jeune apprenti l'art de la chasse, l'équitation et tout ce qui était nécessaire pour faire de lui le plus grand guerrier de toute la Grèce.

LA GUERRE COMMENCE

Puis, survint l'événement qui déclencha officiellement la guerre de Troie : l'enlèvement d'Hélène de Sparte par le prince Pâris. En apprenant que sa femme avait été enlevée, le roi Ménélas et son frère Agamemnon avaient rallié l'ensemble des forces grecques dans le but de la ramener. Ils avaient dans leurs rangs certains des héros grecs les plus connus de l'époque, tels qu'Ulysse, Ajax et bien sûr, Achille. Ce dernier avait accepté de se joindre à eux et était rapidement devenu le plus grand atout du côté des Grecs. Avec Achille à leurs côtés, il semblait impossible pour les Grecs de perdre contre Troie. Cependant, alors que le conflit était engagé, un désaccord avec Agamemnon poussa le héros à ne plus participer aux batailles.

Pendant son absence, les Troyens infligèrent de très lourdes pertes aux forces grecques. Ces derniers étaient désespérés et attendaient impatiemment son retour. Même Patrocle, l'ami de longue date et amant d'Achille, n'avait pas réussi à le convaincre de revenir au combat. Après avoir insisté une dernière fois, en vain, Patrocle décida de prendre les choses en main et de revêtir l'armure d'Achille pour se faire passer pour lui afin d'inspirer et de redonner courage aux autres guerriers. Au début, son plan semblait avoir marché et le moral des Grecs était au plus haut. Malheureusement, l'habit ne fait pas le moine. Patrocle avait peut-être l'armure d'Achille, mais pas ses compétences physiques. C'est pourquoi il trouva finalement la mort face à Hector, le meilleur guerrier du côté des Troyens.

LE DESTIN D'ACHILLE

Lorsque la nouvelle de la mort de Patrocle parvint à Achille, sa douleur fut incommensurable. Consumé par le chagrin et la colère, il jura de le venger et se précipita sans hésitation vers le champ de bataille. C'est ainsi, devant les portes de Troie, qu'Achille défia Hector en combat singulier et le tua. Mais cela ne suffit pas à apaiser le héros en deuil : il humilia Hector une dernière fois, profanant le corps du guerrier troyen en traînant sa dépouille autour des murailles de la ville.

Finalement, ce que Thétis craignait le plus se réalisa peu de temps après le triomphe d'Achille sur Hector. Le prince de Troie, Pâris, guidé par le dieu Apollon, parvint à décocher une flèche qui transperça le talon d'Achille, sa seule et unique faiblesse. C'est ainsi que la prophétie se réalisa et que le plus grand héros grec rendit l'âme.

LE SAVIEZ-VOUS ?

Aujourd'hui, le héros de la guerre de Troie prête son nom au tendon qui s'étend du talon jusqu'au mollet : le tendon d'Achille, tandis que l'expression « talon d'Achille » désigne le point faible ou la vulnérabilité de quelqu'un ou de quelque chose. Par exemple, on pourrait dire que le talon d'Achille du roi Midas était sa cupidité.

15e petite HISTOIRE

RIEN N'ARRÊTE HÉRACLÈS, PAS MÊME LA MORT !

Qui n'a jamais entendu parler du demi-dieu, fils de Zeus, qui a bravé d'innombrables obstacles grâce à sa force surhumaine et sa volonté inébranlable ? L'accomplissement des douze travaux, réputés pourtant impossibles à exécuter, a cimenté son statut en tant qu'immense héros de la mythologie grecque. Cependant, très peu de gens savent que, dans l'une de ses nombreuses aventures, il a affronté et lutté contre la mort elle-même et qu'il en est sorti victorieux.

LE DIEU DE LA MORT, THANATOS

Dans la mythologie grecque, la mort, personnifiée par le dieu Thanatos, est inéluctable : c'est une force de la nature qui va toujours de l'avant et avance à son propre rythme. Que ce soit de manière naturelle, accidentelle, sur un champ de bataille ou dans le confort de nos lits, elle finit inévitablement par nous rattraper. Elle peut être ralentie, comme l'a démontré le roi fourbe Sisyphe, mais elle ne peut pas être évitée... à moins que vous ayez le courage et le zèle d'Héraclès.

Il y a bien longtemps, en Thessalie, régnait sur la ville de Phères un roi bienveillant connu sous le nom d'Admète. Il était follement amoureux de la princesse de la ville d'Iolcos, Alceste. On disait qu'Alceste était si belle et douce qu'elle avait des prétendants venant de toute la Grèce. Mais son père, le roi Pélias, refusait de la marier à n'importe qui ; il voulait pour elle un homme courageux et fier. Par conséquent, un jour, il annonça à tout le monde qu'il ne donnerait la main de sa fille qu'à l'homme capable d'entrer dans sa ville sur un char tiré par un lion et un sanglier, ces deux animaux étant considérés comme des bêtes très dangereuses et imprévisibles. Cette condition fit fuir plusieurs prétendants, mais pas Admète.

L'INTERVENTION D'APOLLON

Après avoir appris ce qu'il devait faire pour être avec la femme qu'il aimait, il fit appel au dieu Apollon. Il l'implora de l'aider à subjuguer un lion et un sanglier sauvage pour pouvoir les harnacher à un chariot, ce à quoi le dieu consentit. Le roi les attela donc à un char en or étincelant et se rendit fièrement à Iolcos. Après avoir vu Admète entrer dans sa ville avec le char doré tiré par les deux bêtes sauvages, le roi Pélias n'eut d'autre choix que d'honorer sa parole et de lui donner sa fille en mariage.

Après le mariage, le couple était si heureux qu'il semblait que rien au monde ne pouvait entraver leur bonheur. Malheureusement pour eux, dans la vie comme dans la mythologie grecque, rien n'est jamais acquis. Admète avait oublié un détail très important lorsqu'il avait épousé Alceste. Il avait négligé de faire le sacrifice traditionnel auquel les nouveaux mariés devaient se plier au nom d'Artémis, la déesse de la chasse. Pour se venger, Artémis envoya alors un nid de serpents venimeux dans la chambre des jeunes mariés. Mais au dernier moment, Apollon intervint à nouveau et les sauva in extremis d'une mort certaine.

La mauvaise fortune d'Alceste et Admète n'était pas terminée pour autant. Un dernier défi allait mettre leur amour à l'épreuve. Les Moires, trois divinités associées au destin dont le rôle était de choisir quand une personne allait mourir, décidèrent qu'il était temps pour Admète de rejoindre le monde des morts. Une fois de plus, Apollon intervint pour tenter de les sauver. Il réussit à convaincre les Moires de laisser Admète vivre si une autre personne prenait sa place. Sauf que personne ne voulait mourir à sa place, même ses vieux parents ne s'étaient pas portés volontaires. Finalement, ce fut Alceste qui décida de mourir à la place de son mari, par amour et par loyauté envers lui. Après la mort de sa bien-aimée, Admète fut accablé de tristesse. Il était en vie, certes, mais il souhaitait être lui aussi mort pour pouvoir être à nouveau avec sa femme.

IL LUTTE AVEC LA MORT ELLE-MÊME !

C'est ici qu'Héraclès fait son entrée dans notre récit. Le héros était arrivé à Phères pendant que les funérailles d'Alceste étaient encore en cours. Admète, toujours en bon roi et malgré son chagrin, voulait absolument l'accueillir comme il le méritait. En apprenant ce qui était arrivé à Alceste, Héraclès, reconnaissant pour l'accueil chaleureux et l'hospitalité du roi, décida de se rendre aux Enfers en personne et de lutter contre Thanatos pour la ramener avec lui. Après un combat acharné, il remporta la victoire et parvint à ramener Alceste au royaume des vivants. Le couple fut enfin réuni une bonne fois pour toutes. Comme tout au long de ses aventures, Héraclès sauva la situation et vécut pour raconter l'histoire.

LE SAVIEZ-VOUS ?

Héraclès étant de loin le héros mythologique le plus populaire dans la Rome antique, on trouvait de nombreuses représentations de ses différents exploits. Il était une telle vedette que l'empereur romain Commode avait même commandé un buste en marbre le représentant habillé de la peau du lion de Némée, avec une massue dans une main, tout comme le héros qu'il idéalisait. On peut aujourd'hui retrouver ce buste au musée du Capitole à Rome.

16e petite HISTOIRE

NÉE D'UNE MIGRAINE ÉPOUVANTABLE !

Les naissances étranges ne manquent pas dans la mythologie grecque. Aphrodite, par exemple, est née du mélange entre la semence de Cronos et l'écume de la mer. Dionysos, quant à lui, a passé un bon moment cousu à la cuisse de son père, Zeus, avant de naître. Mais la naissance la plus étrange et insolite reste celle d'Athéna.

LA SAGESSE DE MÉTIS

Certains pensent qu'Athéna n'avait pas de mère, qu'elle était née de la seule volonté de Zeus, mais ce n'est pas tout à fait le cas. La naissance d'Athéna fut le résultat final de nombreux événements qui se produisirent entre Zeus et la Titanide Métis et des circonstances uniques qui entourent leur relation.

Bien avant d'être reconnu comme le roi incontesté des dieux, Zeus avait été impliqué dans une guerre d'une envergure colossale qui avait pour but de renverser son père, Cronos. Ce conflit légendaire, connu sous le nom de Titanomachie, opposait les Titans, menés par Cronos, aux Olympiens, dirigés par Zeus. Pour vaincre son père, Zeus eut besoin de beaucoup d'aide et de conseils astucieux, ce qu'il obtint finalement de la part de Métis.

Métis était l'une des divinités les plus sages et clairvoyantes de la mythologie grecque. Ce fut elle qui élabora le stratagème habile forçant Cronos à régurgiter tous les enfants qu'il avait précédemment avalés. Pourquoi avait-il fait cela ? Eh bien, Cronos savait que l'un de ses enfants le renverserait éventuellement, c'est pourquoi il les avait avalés afin qu'ils n'aient jamais l'opportunité de le faire. Seul Zeus échappa à ce destin car sa mère Rhéa le cacha. C'est uniquement grâce à l'intervention de Métis que tous les autres Olympiens s'échappèrent du ventre de Cronos, faisant ainsi pencher la balance en faveur de Zeus pendant la Titanomachie.

LA CRAINTE DE ZEUS

Tout de suite après la victoire des Olympiens, Métis devint la première femme de Zeus. Ce dernier l'aimait et la respectait profondément, sachant très bien, de par sa propre expérience, que l'avoir à ses côtés était un atout primordial. Après tout, Métis était reconnue comme une divinité plus savante et réfléchie que tous les autres dieux et mortels. Un jour, alors qu'elle était enceinte, la Titanide eut une vision. Métis annonça à son mari qu'elle donnerait d'abord naissance à une fille qui rivaliserait avec lui en puissance et en force. Ensuite, elle lui dit qu'elle mettrait au monde un garçon qui le renverserait tout comme lui-même avait renversé son propre père.

Pour des raisons évidentes, Zeus fut terrifié par ces nouvelles. Il ne pouvait tout simplement pas laisser cette prophétie se dérouler sans rien faire. Il élabora donc un plan pour s'assurer qu'elle ne se réalisât point. Après avoir reçu quelques conseils de Gaïa, la déesse personnifiant la Terre, et d'Ouranos, le dieu personnifiant le ciel, Zeus appela sa femme et, sans perdre de temps, l'engloutissant tout entière. Tel père, tel fils : Zeus s'était débarrassé de son problème à la manière de Cronos, en l'avalant tout entier. Mais il regretta très vite cette décision car peu de temps après avoir avalé Métis, Zeus commença à avoir des migraines très violentes. Chaque jour qui passait, la douleur augmentait considérablement et il souffrait énormément. Ce qu'il ne savait pas, c'est qu'à l'intérieur de lui, Métis avait donné naissance à Athéna. Cette dernière vint au monde directement sous forme adulte et sa mère lui offrit une armure, une lance et un bouclier.

TERRIBLES MIGRAINES

Peu de temps après sa naissance, Athéna commença à utiliser ses cadeaux pour faire du bruit et frapper tout autour d'elle. Elle ne supportait pas d'être emprisonnée dans le crâne son père et tentait de s'échapper par tous les moyens possibles ; c’est pourquoi Zeus souffrait autant. Un jour en particulier, alors qu’il était sur les rives de la rivière Triton, ses migraines devinrent si intenses et douloureuses que Zeus fit appel à Héphaïstos, le dieu forgeron, et lui demanda de l’aide. C’est alors qu’Héphaïstos prit sa hache et frappa la tête de Zeus d’un coup violent. De la blessure surgit une Athéna adulte, entièrement équipée d’une armure et d’un bouclier. Au moment même où elle vint au monde, les migraines de Zeus cessèrent. Lorsqu’il posa les yeux sur elle, Athéna conquit le cœur de son père et devint son enfant préférée.

Métis, quant à elle, n’avait pas complètement disparu. Elle vivait toujours à l’intérieur du ventre de Zeus et devint à partir de ce moment-là la source même de sa sagesse et de son intuition. Désormais doté d’une force physique inégalée et de la sagesse de Métis, Zeus avait solidifié son rôle en tant que souverain incontesté de l’Olympe, régnant avec puissance et intelligence sur les dieux et les hommes.

LE SAVIEZ-VOUS ?

La raison pour laquelle la plupart des poètes et mythographes de l'Antiquité décrivent Athéna comme une « déesse sans mère » est due à une ancienne croyance populaire selon laquelle les hommes seuls contribuaient à la semence nécessaire pour concevoir un enfant tandis que la femme était simplement le « réceptacle ». Cette théorie a notamment été soutenue par Aristote dans son traité *Génération des animaux*.

17e petite HISTOIRE

UN CONCOURS POUR ÊTRE LE PATRON D'ATHÈNES

Lorsque l'on pense à la mythologie grecque, on finit toujours un moment par arriver à Athènes. Il faut dire que cette ville légendaire a été le théâtre de nombreux mythes et légendes qui aujourd'hui encore font écho dans notre culture populaire moderne. L'une de ces histoires raconte la façon dont la ville a été créée et de quelle manière elle a reçu son nom. Ce récit atteint son point culminant quand Athéna, dans l'espoir d'obtenir le droit de patronage sur Athènes, accepte de participer à un concours l'opposant à nul autre que le dieu belliqueux de la mer, Poséidon. Mais juste avant d'entrer dans les détails de ce concours, nous devons remonter dans l'histoire pour jeter un coup d'œil aux origines de la ville elle-même.

LES ORIGINES D'ATHÈNES

Il y a bien longtemps, lorsque la ville venait tout juste d'être fondée, elle n'avait pas de nom. Son premier dirigeant était un roi légendaire connu sous le nom de Cécrops. Cécrops était le tout premier autochtone, ce qui signifie dans la mythologie grecque qu'il était né de la terre elle-même et qu'il n'avait donc pas de parents. En raison de ses origines inhabituelles, Cécrops avait un aspect très particulier : il avait la tête et le buste d'un homme, mais le bas de son corps était celui d'un serpent.

Son apparence singulière n'avait pas empêché Cécrops de devenir l'un des plus grands rois de l'Attique. Sous son règne, sa ville prospéra bien au-delà des attentes de tous et entra dans un âge d'or. Il avait aboli les sacrifices humains, introduit des lois civiles fondamentales en matière de politique et de mariage et avait encouragé son peuple à vénérer Zeus. Néanmoins, la ville n'avait toujours pas reçu la protection d'un dieu, et deux divinités démontraient maintenant un grand intérêt à devenir les saints patrons de cette cité : Poséidon et Athéna.

Athéna et Poséidon étaient tous les deux très acharnés, ils avaient la tête dure et voulaient revendiquer la ville, ne reculant devant rien pour l'obtenir. Poséidon contrôlait déjà totalement son domaine maritime mais il souhaitait gagner également un certain contrôle sur la terre ferme. Athéna, quant à elle, souhaitait donner sa protection à Cécrops ainsi qu'à son peuple. Afin d'éviter un conflit entre les deux Olympiens, ils furent tous deux invités à participer à un concours pour déterminer une bonne fois pour toutes qui deviendrait le patron de la ville. La règle était simple : Cécrops annonça qu'ils devaient tous les deux offrir un cadeau à la ville et à ses habitants et que le meilleur l'emporterait.

LE CONCOURS DES DIEUX

Le jour du concours, les deux Olympiens montèrent au sommet de l'Acropole pour présenter les cadeaux qu'ils avaient prévu d'offrir aux habitants de la cité. Poséidon fut le premier à présenter son don. Il leva son trident très haut vers les cieux et l'abattit violemment sur le sol. L'impact créa une fissure d'où jaillit une source d'eau. Au début, la foule était émerveillée et très excitée d'avoir une source d'eau à proximité. Cependant, ils se rendirent vite compte que l'eau était salée, donc imbuvable, ce qui rendait le don de Poséidon plutôt inutile pour eux.

Ensuite, ce fut au tour d'Athéna de révéler ce qu'elle avait préparé pour eux. Elle avait en main quelque chose de tout petit qu'elle planta dans le sol à la vue de tous. Puis, en un instant, à la surprise de ceux qui étaient rassemblés autour, un magnifique olivier se mit à pousser. L'olivier était rempli d'olives mûres et prêtes à être récoltées. Les citoyens réalisèrent tout de suite que l'olivier était un cadeau bien plus utile que celui de Poséidon. Non seulement il fournissait de la nourriture pour tous, mais aussi de l'huile d'olive et du bois qui pourrait être utilisé pour fabriquer des outils, construire des navires ou tout simplement pour faire du feu. Il n'en fallait pas plus pour les habitants, elle avait clairement gagné. Ce n'est pas pour rien qu'Athéna était considérée comme la déesse de la sagesse. Elle avait habilement prouvé qu'elle était la déesse la plus légitime pour représenter la ville. Cécrops la déclara donc gagnante, baptisant immédiatement la cité de son nom.

Si Poséidon n'était pas sorti victorieux du concours, il n'avait toutefois pas été oublié par les Athéniens. Après tout, Athènes était une ville portuaire qui entretenait une forte connexion avec la mer. Reconnaissant la mer comme un élément vital de leur existence, notamment pour des raisons militaires et commerciales, les Athéniens avaient donc bâti un temple pour Poséidon au cap Sounion, où ils rendaient hommage au dieu de la mer, lui faisaient des offrandes et priaient pour avoir des eaux calmes et bienveillantes.

LE SAVIEZ-VOUS ?

Aujourd'hui, l'Acropole est l'un des sites les plus visités par les touristes du monde entier. Elle offre une vue magnifique sur la ville ainsi que sur la mer. Cependant, dans la Grèce antique, cet endroit était plus communément connu sous le nom de *Cecropia*, en l'honneur du premier roi athénien, Cécrops.

18e *petite* HISTOIRE

L'ENLÈVEMENT DE PERSÉPHONE

Déméter, la déesse des moissons et de l'agriculture, était la définition même de la « mère poule ». Sa fille bien-aimée, Perséphone, était la prunelle de ses yeux. Rien n'était plus important pour elle que de la garder à ses côtés. Mais Hadès, le dieu des Enfers, se sentait bien isolé à régner seul sur son domaine souterrain et voulait prendre Perséphone comme femme.

HADÈS SE CHERCHE UNE FEMME

Hadès était conscient que s'il demandait la main de Perséphone à Déméter, elle refuserait catégoriquement. C'est pourquoi il choisit plutôt d'aller voir directement son frère Zeus. Lorsque Zeus accepta sa requête, Hadès décida alors d'intervenir personnellement et d'enlever la jeune fille de force.

Un jour, alors que Perséphone était occupée à jouer avec ses amies les nymphes et à cueillir des fleurs dans un pré, elle aperçut près d'elle le plus beau narcisse qu'elle ait jamais vu. Dès qu'elle l'aperçut, elle fut si excitée qu'elle décida qu'elle devait absolument l'avoir pour elle-même. En se baissant pour le ramasser, la terre s'ouvrit brusquement sous ses pieds et Hadès lui-même apparut à travers l'ouverture. Il sortit rapidement sur un chariot en or tiré par des chevaux immortels aussi noirs que la nuit. Trop surprise et choquée par l'apparition soudaine, Perséphone ne put réagir lorsque Hadès la saisit et redescendit aux Enfers à travers la même ouverture par laquelle il était arrivé, emmenant la jeune fille avec lui. Au moment même où le chariot disparut, la terre se referma derrière eux, ne laissant aucune trace de ce qui venait de se passer. Seules deux divinités avaient entendu le cri de désespoir de la jeune fille : Hypérion, le Titan personnifiant le soleil, et Hécate, la déesse de la magie et de la sorcellerie.

OÙ EST MA FILLE ?

Peu de temps après l'enlèvement de sa fille, Déméter commença à s'inquiéter. L'inquiétude se transforma rapidement en détresse lorsque, le temps passant, elle ne voyait toujours pas revenir Perséphone. Alors, la déesse se mit à parcourir la Terre entière à la recherche de son enfant. Chaque recoin fut fouillé, chaque pierre fut retournée. Pendant neuf jours, elle sillonna frénétiquement la Terre, une torche dans chaque main, pour finalement tomber sur la déesse Hécate au dixième jour. Ensemble, elles se rendirent auprès du Titan Hypérion pour lui demander s'il savait où se trouvait Perséphone.

Hypérion révéla que c'était Hadès qui l'avait prise, après avoir reçu la permission de Zeus. Entendant cela, Déméter, dans sa rage, jura de ne plus jamais mettre les pieds sur le mont Olympe ni de se réunir avec les autres Olympiens tant que sa fille ne lui serait pas rendue. Plus important encore, elle refusa de continuer à remplir ses fonctions en tant que déesse de la moisson et de l'agriculture. À cause de cela, la terre devint aride et plus rien ne poussait. Les arbres ne portaient plus de fruits, les champs étaient vides et il n'y avait plus de pluie. Très vite, les animaux et les êtres humains commencèrent à mourir de faim. Les êtres vivants tombaient comme des mouches mais Déméter restait inébranlable dans sa détermination à retrouver sa fille, refusant de céder tant qu'elle ne serait pas revenue auprès d'elle. Les mortels étaient désespérés et priaient les dieux à genoux, les suppliant de mettre fin à cette misère.

LE COMPROMIS DE ZEUS

Zeus, voyant les hommes périr à une vitesse fulgurante à cause du manque de nourriture, prit la mesure du problème : sans les hommes sur Terre, qui pouvaient bien leur rendre hommage et leur faire des sacrifices ? Avec ça en tête, le roi des dieux prit la décision d'envoyer son messager Hermès aux Enfers et de demander que Perséphone soit rendue à sa mère en deuil. Mais Hadès ne comptait pas la laisser partir si facilement. Il décida alors de tromper sa fiancée inconsolable en lui proposant de manger quelques graines d'une délicieuse grenade pour apaiser sa faim. La jeune déesse, n'ayant rien mangé depuis son enlèvement, accepta d'en manger quelques-unes avant de partir. Ce qu'elle ne savait pas, c'est que la grenade était le fruit des morts et que quiconque mangeait de la nourriture provenant du royaume d'Hadès était condamné à y rester pour toujours.

Lorsque Déméter apprit que Hadès avait berné sa fille, elle fut bien évidemment encore plus furieuse, et Zeus se trouva obligé de chercher rapidement une solution pour l'apaiser. Finalement, en guise de compromis, Zeus décida que Perséphone passerait la moitié de l'année avec son mari dans le royaume des morts et l'autre moitié avec sa mère sur le mont Olympe. Déméter n'était pas du tout satisfaite de cette solution, pas plus qu'Hadès qui voulait avoir sa femme à ses côtés en tout temps. Cependant, le roi des dieux eut le dernier mot, et ils n'eurent d'autre choix que d'accepter sa décision. C'est ainsi que Perséphone devint la reine du monde souterrain.

LE SAVIEZ-VOUS ?

Le mythe de l'enlèvement de Perséphone était utilisé par les Grecs de l'Antiquité pour expliquer le changement soudain des saisons et du cycle de la nature. Le printemps et l'été étaient associés à la période où Perséphone était sur Terre, avec sa mère. Lorsqu'elle retournait aux Enfers auprès de son mari pour le reste de l'année, on passait à l'automne et à l'hiver, des saisons souvent froides et pluvieuses, reflétant le chagrin de Déméter.

19e petite HISTOIRE

HERMÈS ET L'INVENTION DE LA LYRE

La lyre était l'instrument de musique le plus important et le plus populaire dans la Grèce antique. Elle était souvent utilisée lors des festivals et des théâtres, mais aussi couramment pour accompagner la poésie. La musique produite par la lyre servait à exprimer des émotions, un bon moyen d'améliorer l'expérience artistique et culturelle pour les spectateurs de l'époque. L'hymne homérique dédié à Hermès nous apprend à ce sujet que les Grecs croyaient que la lyre était une création du messager des dieux.

LA NAISSANCE DU MESSAGER DES DIEUX

Nous savons maintenant que Zeus n'était pas du genre à rester fidèle à une seule femme pour le reste de sa vie, au grand malheur de sa compagne Héra. Un jour, alors qu'il était encore à la recherche d'une nouvelle conquête amoureuse, il tomba sur la Pléiade Maïa qui se reposait dans une grotte sombre sur le mont Cyllène, en Arcadie. Les Pléiades étaient les filles du Titan Atlas, elles étaient au nombre de sept et Maïa, l'aînée, était la plus belle. Frappé par son charme, Zeus décida de s'unir à elle dans la grotte où elle se trouvait. C'est de cette union que naquit Hermès.

Il fut nourri, aimé et pris en charge par l'Oréade Cyllène, une nymphe des montagnes qui veillait à ce que le jeune dieu ne manque d'absolument rien pendant sa croissance. Les soins de la nymphe portaient leurs fruits car en seulement quelques heures, Hermès devint assez fort pour sortir de la grotte et explorer le monde extérieur.

LES AVENTURES D'HERMÈS

À sa sortie de la grotte, tandis que sa mère dormait paisiblement, la première chose qu'il vit fut une tortue se nourrissant d'herbe à proximité. Émerveillé par l'animal devant lui, il la prit dans ses mains et la ramena à l'intérieur de la grotte. En réfléchissant à toutes les possibilités qu'offrait la carapace de l'animal, il eut une idée. Il décida de tuer la tortue et de la nettoyer bien comme il faut, ne laissant que sa coquille. Ensuite, il sortit de nouveau et ramassa quelques tiges de roseau pour les mettre à travers la carapace. Enfin, il tendit une peau de bœuf pardessus et y fixa sept cordes faites à partir de boyaux. C'est ainsi que, seulement quelques heures après sa naissance, Hermès créa la toute première lyre. Lorsqu'il toucha les cordes une par une, il réalisa qu'elles produisaient un son magnifique. En peu de temps, il apprit à en jouer seul et l'instrument devint très vite son jouet préféré.

Mais la journée n'était pas finie et Hermès commençait à avoir faim. Il avait surtout envie de manger de la viande. Alors, il écouta son estomac et décida de sortir une fois de plus pour explorer le monde merveilleux qui se trouvait à l'extérieur de sa grotte. En marchant, il finit par tomber sur un troupeau de cinquante vaches broutant paisiblement dans un pâturage d'herbe verte et luxuriante. Il ne le savait pas alors, mais ce troupeau appartenait au dieu Apollon, son grand frère. Le jeune dieu, espiègle, décida de toutes les voler et de les emmener avec lui sur le mont Cyllène. Hermès, âgé de quelques heures seulement, était déjà très rusé. Se doutant qu'il ne pouvait pas simplement prendre les vaches ainsi, il brouilla la piste du troupeau en faisant marcher les vaches à reculons afin que leurs empreintes ne le trahissent pas et que personne ne puisse les suivre. De même, il se fabriqua une paire de sandales en osier pour mieux dissimuler ses propres pas et prit le chemin de retour avec le troupeau d'Apollon.

COMMENT APOLLON AVAIT OBTENU LA LYRE

Plus tard dans la journée, lorsque Apollon réalisa que son troupeau avait disparu, il se mit à sa recherche en fouillant chaque recoin du monde. Mais malgré ses recherches acharnées, le dieu de la lumière revint bredouille à son point de départ. Agacé et de plus en plus impatient, il erra un peu dans la campagne grecque avant de tomber sur un vieil homme à qui il demanda s'il avait vu passer un troupeau de vaches. Le vieil homme lui répondit qu'il avait vu un jeune enfant avec un bâton de berger conduisant un grand troupeau de bétail à reculons. Intrigué par cette étrange description, Apollon continua sa recherche jusqu'à ce qu'il voie un présage dans le ciel. Il sut immédiatement grâce à ce présage que celui qui avait pris son troupeau était l'enfant de Zeus. Quand il trouva enfin le jeune Hermès, endormi avec sa lyre dans les bras, il le réveilla brusquement. Il lui ordonna de lui rendre son troupeau mais le nouveau-né faisait mine de ne rien comprendre. Hermès niait tout et refusait de reconnaître son méfait, feignant l'innocence la plus totale. Face à cette apparente ignorance, Apollon sentit la colère monter en lui et décida alors d'amener l'enfant devant Zeus. Le roi des dieux, bien qu'amusé et quelque peu fier du génie de son fils, le força à tout avouer et à rendre à Apollon son troupeau.

Finalement, tandis qu'Apollon était occupé à réunir son troupeau, Hermès commença à jouer un petit air mélodieux avec sa lyre. La magnifique mélodie finit par parvenir aux oreilles du dieu de la lumière et il en fut tellement enchanté qu'il se mit à rire joyeusement. Il proposa alors à Hermès d'échanger l'ensemble de son troupeau ainsi que son caducée contre sa lyre, ce à quoi Hermès acquiesça. C'est ainsi qu'Hermès devint le dieu des troupeaux et des bergers, tandis qu'Apollon, en perfectionnant ses compétences avec la lyre, devint le dieu de la musique.

LE SAVIEZ-VOUS ?

En plus d'être le messager des dieux, Hermès avait de nombreux autres rôles, ce qui en faisait l'une des divinités les plus importantes chez les Grecs. Par exemple, il était le patron des jeux, des gymnases et des athlètes et les anciens Grecs le célébraient notamment lors des Herméennes : des festivités où de nombreuses compétitions sportives étaient organisées.

20e *petite* HISTOIRE

DIONYSOS ET LA FOLIE DES MÉNADES !

Parmi tous les dieux grecs, le dieu du vin Dionysos est probablement le seul à savoir comment faire la fête et s'amuser comme il se doit. Ce n'est pas étonnant, puisqu'en plus d'être le dieu du vin et des festivités, il est aussi le dieu de l'extase et de la folie religieuse. Il était donc célébré à travers des rituels et des festivités très intenses où le vin coulait à flots. Cette part de son identité est principalement reflétée par les Ménades, un groupe de femmes ivres et bruyantes qui vénéraient le dieu du vin. Ce n'est pas pour rien que leur nom signifie « en délire » : les Ménades étaient souvent décrites comme des femmes insouciantes et sauvages, prêtes à tout pour assouvir tous leurs désirs.

LA NAISSANCE INSOLITE DU DIEU DU VIN

Dionysos est un dieu assez particulier car contrairement aux autres Olympiens, l'un de ses deux parents – sa mère, Sémélé – était en réalité une femme mortelle et non une déesse. Sémélé était la fille du roi de Thèbes, Cadmos. Un jour, elle reçut la visite de Zeus qui, une fois de plus, ne put s'empêcher d'être infidèle et de la séduire. En conséquence, Sémélé tomba enceinte. Lorsque Héra découvrit la liaison de Zeus, comprenant que Sémélé portait son enfant, elle décida de rendre visite à la femme mortelle sous un déguisement et de semer le doute en elle. Héra agit comme si elle ne croyait pas Sélémé quand celle-ci expliquait que le père du bébé à naître n'était autre que le roi des dieux. Sémélé, inquiète que personne ne la croie, convainquit Zeus de se révéler à elle dans toute sa gloire divine. Malheureusement, lorsqu'il lui montra sa véritable forme, Sémélé mourut frappée par les éclairs qui sortaient de lui. Zeus réussit toutefois à sauver le bébé à naître en le liant à sa cuisse jusqu'au moment de sa naissance.

LE CULTE DE DIONYSOS

Une fois sorti de la cuisse de Zeus et devenu adulte, Dionysos avait décidé de retourner à l'endroit où il était né, à Thèbes, pour présenter son culte à tous les habitants de la région. À l'époque, le roi de Thèbes était Penthée, un homme qui ne partageait pas du tout l'enthousiasme de Dionysos pour les rituels liés à son culte. En fait, il méprisait Dionysos et tous ceux qui l'adoraient. C'est pourquoi il avait empêché avec ferveur tout le monde à Thèbes de vénérer le dieu du vin. Lorsqu'il apprit que le roi s'opposait à lui et que ses propres tantes dénigraient sa mère Sémélé, Dionysos décida de les punir. Il fit entrer Agavé, la mère de Penthée, ainsi que ses tantes et d'autres femmes de la région dans un état de transe qui les poussa à se précipiter dans la forêt sur le mont Cithéron pour devenir des Ménades. Là-bas, les femmes dansaient, buvaient, riaient à gorge déployée et vivaient dans les montagnes dans un état de frénésie divine.

Un berger qui s'occupait de son bétail dans les montagnes finit par arriver en ville et rapporta au roi ce qu'il avait vu là-haut dans la nature sauvage. Il lui dit qu'il avait vu les Ménades, dirigées par sa mère Agavé, dans un état de frénésie très étrange. Ces femmes étaient tellement ivres qu'elles avaient même démembré une pauvre vache dans leur transe. Ce qui témoignait à la fois de leur folie mais aussi de la force surhumaine qu'elles recevaient du dieu de la vigne. Le roi, bien sûr, sentit que son autorité était menacée par le nouvel arrivant et ses adeptes, et décida enfin qu'il était temps d'agir afin d'empêcher son peuple de tomber dans les griffes du culte de Dionysos.

L'ERREUR DE PENTHÉE

Le roi Penthée était effrayé par les nouvelles du messager, mais il était aussi très curieux. Il lui était difficile de comprendre comment et pourquoi les femmes, y compris sa propre mère, avaient soudainement acquis une force surhumaine et étaient prises dans une transe frénétique dans les montagnes. Dionysos, ayant compris cela, fit une proposition au roi juste avant qu'il n'envoie ses soldats dans la montagne pour appréhender et massacrer les femmes en transe. Le dieu invita Penthée à l'accompagner dans les montagnes pour qu'il puisse voir les Ménades de ses propres yeux. La curiosité du roi l'emporta et il décida d'aller avec Dionysos dans la forêt du mont Cithéron.

Juste avant de partir, Penthée dut bien sûr se déguiser en femme car si les Ménades voyaient un homme avancer vers elles, elles n'en feraient qu'une bouchée. Lorsqu'ils arrivèrent à l'endroit où les Ménades se reposaient, le roi grimpa dans un arbre et essaya d'observer de plus près les femmes délirantes. Cependant, il fut bientôt découvert et Dionysos ordonna aux femmes d'attaquer Penthée. Dans un accès de rage et de frénésie sauvage, les femmes se précipitèrent sur le roi, le faisant tomber de l'arbre. Malgré ses supplications, le souverain de Thèbes fut traîné et démembré par sa mère, ses tantes et toutes les autres femmes possédées.

LE SAVIEZ-VOUS ?

Il y avait dans la Grèce antique de nombreux cultes secrets auxquels seuls quelques initiés pouvaient participer, ils étaient appelés les « cultes à mystères ». Dionysos était un dieu important du panthéon hellénique, c'est pourquoi il avait lui aussi un culte à mystère. Les mystères dionysiaques étaient une célébration secrète réservée à seulement quelques initiés qui célébraient le retour des humains à leur état naturel et qui impliquaient une grande consommation de vin, plusieurs rituels et beaucoup de chant et de danse.

21e *petite* HISTOIRE

LE MONDE ENTIER EST CRÉÉ À PARTIR DE SON CORPS

Les croyances des anciens peuples nordiques étaient souvent centrées autour de récits épiques impliquant des dieux, des géants et un grand nombre de créatures mythiques et d'entités terrifiantes. Ce n'est donc pas très surprenant que leur version de la création du monde soit une représentation parfaite de cette identité culturelle. Pour eux, le monde dans lequel nous vivons tous en ce moment a été créé à partir des parties du corps du tout premier géant : Ymir.

LE PREMIER GÉANT

Ymir, l'ancêtre de tous les géants de glace, est le tout premier être vivant à apparaître dans la mythologie nordique. Il naquit lorsque le feu ardent du royaume de Muspellheim et la glace venant du royaume de Niflheim se heurtèrent dans l'abîme sans fond et obscur du Ginnungagap. La collision entre ces deux éléments avait créé de petites gouttes d'eau et c'est à partir d'elles qu'Ymir fut conçu.

Le géant de glace dormit alors pendant très longtemps. Puis un jour, la fusion entre le monde de feu et le monde de glace le fit petit à petit transpirer. De la sueur de son aisselle gauche furent créés un homme et une femme qui, à leur tour, allaient engendrer d'autres géants. Tout de suite après, un autre être – un géant difforme à six têtes – fut conçu à partir de la sueur de ses jambes. Alors que la chaleur continuait à grimper, une vache divine émergea de la glace, elle s'appelait Audhumla. De ses pis coulaient quatre rivières de lait riche et nourrissant et Ymir s'y abreuvait chaque jour pour gagner des forces. Quant à elle, elle se nourrissait des blocs de glace salés qui l'entouraient.

LA NAISSANCE DES DIEUX

À force de lécher la glace, Audhumla libéra un être beau et fort connu sous le nom de Búri, l'ancêtre de tous les dieux Ases. Le fils de Búri, nommé Bur, se maria à la géante Bestla et ensemble, ils engendrèrent la toute première génération de dieux Ases : Odin, Vili et Vé. Ces dieux, à l'opposé des géants, étaient d'une grâce et d'une beauté infinies. À peine venait-il de naître qu'Odin, l'aîné des trois, avait déjà de grandes ambitions. Il rallia ses frères pour abattre Ymir et mettre fin au règne de leurs ancêtres, qu'il jugeait sauvages et violents.

En réunissant leurs forces, ils se ruèrent sur Ymir et après une longue et terrible bataille, ils finirent par le terrasser. Un torrent de sang jaillit de ses blessures et noya tous les autres géants sauf deux : Bergelmir et sa femme. Ce couple survécut en s'accrochant corps et âme à un tronc d'arbre flottant sur le déluge de sang. Ils ne le savaient pas encore, mais ils étaient les aïeux de la deuxième génération de géants.

ET LA LUMIÈRE FUT

Odin et ses frères utilisèrent ensuite le corps d'Ymir pour créer le monde tel que nous le connaissons aujourd'hui. À partir de sa chair, ils fabriquèrent la terre ferme, tandis qu'avec ses os, ils formèrent toutes les montagnes du monde. Son sang fut utilisé pour créer l'immense océan qui entourait la terre ainsi que tous les lacs. Ensuite, ils prirent ses dents et les dispersèrent un peu partout pour en faire des rochers, des pierres et des cailloux. À partir des asticots qui grouillaient dans le cadavre d'Ymir, les dieux créèrent les nains, une race d'êtres robustes et malins mais à l'apparence peu envieuse. Les nains firent des cavernes de la terre leur demeure. Odin réalisa alors qu'ils devaient mettre des limites au monde. Ils placèrent donc le crâne d'Ymir très haut pour en faire un dôme qui deviendrait le ciel et ils dispersèrent son cerveau ici et là pour créer les nuages. Quatre nains furent placés à chacun des quatre coins pour soutenir le ciel et s'assurer qu'il ne tomberait jamais. Ils représentaient les quatre points cardinaux et étaient connus sous les noms de Nordri, Sudri, Austri et Westri.

Le monde était presque complet mais les dieux avaient remarqué qu'il était bien trop sombre et qu'on n'y voyait absolument rien. Alors, ils prirent les braises incandescentes du Muspellheim et les lancèrent dans le ciel pour former le soleil, la lune, les planètes et toutes les étoiles. Enfin, les sourcils d'Ymir furent réunis et utilisés pour ériger une énorme forteresse tout autour de Midgard, le royaume des êtres humains, afin de les protéger contre les invasions des géants de glace.

La création du monde terminée, les dieux créèrent les êtres humains à partir de troncs d'arbres pour peupler Midgard. Ensuite, ils se retirèrent dans leur propre royaume, Asgard, pour y régner en maîtres.

LE SAVIEZ-VOUS ?

Aujourd'hui, Ymir prête son nom à l'une des nombreuses lunes de Saturne. En 1847, c'est l'astronome britannique John Herschel qui proposa de donner aux lunes de Saturne les noms d'une multitude de figures mythologiques, dont celui du tout premier géant nordique.

22e petite HISTOIRE

L'ARBRE SUR LEQUEL REPOSENT LES NEUF MONDES

Yggdrasil n'était pas simplement un arbre ordinaire ; il symbolisait l'ensemble du cosmos. Cet immense frêne sacré, dont la cime dépassait les nuages, servait d'axe central au monde, supportant l'existence elle-même. Ses branches soutenaient et reliaient ensemble neuf royaumes distincts, ainsi que tous leurs habitants.

LES NEUF MONDES

Ces neuf mondes étaient peuplés de créatures étranges et d'êtres divins dont l'existence seule était essentielle au bien-être et à l'équilibre d'Yggdrasil. Le premier des neuf royaumes était Asgard, le domaine des dieux Ases. Imaginez une ville magnifique et glorieuse avec des citadelles impénétrables et entourée d'un mur massif construit par des géants. Ensuite, il y avait Alfheim, le royaume où vivaient les elfes de lumière. Des êtres resplendissants et lumineux, encore plus beaux et radieux que le soleil. Muspellheim était un monde couvert de flammes et ses habitants étaient les géants de feu. Ils étaient dirigés par leur roi, Surt, lequel, lors du Ragnarök, mettra fin aux dieux Ases et réduira le monde en cendres. Quant aux dieux de la fertilité et de la nature, les Vanes, ils vivaient dans le Vanaheim.

Les êtres humains avaient également leur propre domaine, connu sous le nom de Midgard. Ce monde avait été créé à partir des sourcils du géant Ymir et était relié à Asgard grâce au pont arc-en-ciel : le Bifröst. Les Jötnar, les géants de glace et ennemis éternels des dieux, vivaient dans un monde froid et infertile appelé Jotunheim. Les nains, connus pour être d'habiles inventeurs, vivaient dans leur domaine souterrain, le Svartalheim. Enfin, les deux derniers royaumes se trouvaient près des racines de l'arbre sacré. Il y avait le Niflheim, le monde de glace primordiale et de brouillard et le Helheim, le royaume des morts, dirigé par Hel.

LES PUITS DE LA VIE

Ces neuf mondes étaient nourris par trois racines principales : la première racine était liée au royaume des dieux Ases, Asgard ; la deuxième s'étendait dans le royaume du Niflheim ; la troisième racine était attachée au Jotunheim. Mais un arbre ne peut vivre sans eau et Yggdrasil n'était pas une exception.

Ces trois racines étaient donc alimentées par trois puits. Le premier puits était connu sous le nom de Urdarbrunn, le puits d'Urd. C'était l'endroit où les dieux se réunissaient régulièrement pour prendre des décisions importantes et discuter des affaires des neuf mondes. C'était aussi le lieu de résidence des Nornes : trois femmes divines qui arrosaient Yggdrasil chaque jour pour qu'il ne meure pas. Le deuxième puits, Hvergelmir, était situé dans le monde du froid éternel, le Niflheim. D'après les anciennes légendes nordiques, toute l'eau des rivières du monde entier provenait de cette source. Le troisième puits était connu sous le nom de Mimirsbrunn : la source de Mimir. Mimir était le dieu de la sagesse et la source d'eau où il résidait avait des propriétés uniques. Elle contenait l'eau sacrée de la connaissance et quiconque en buvait se voyait récompenser avec le don de sagesse et d'omniscience.

LES CRÉATURES D'YGGDRASIL

Au-delà de relier les neuf royaumes et de les soutenir, Yggdrasil était également le foyer de nombreuses créatures mythiques et d'êtres légendaires qui avaient tous un rôle à jouer dans le maintien de l'équilibre et de l'harmonie de l'univers. À la base de l'arbre-monde, où se trouve le puits de Hvergelmir, vivait un dragon nommé Nidhogg. Chaque jour, il rongeait les racines d'Yggdrasil de façon acharnée pour tenter de le faire tomber. De temps en temps, Nidhogg recevait la visite d'un écureuil nommé Ratatosk. Le petit animal, vif comme l'éclair, transmettait au dragon les insultes proférées par son ennemi de longue date, un aigle perché au sommet de l'arbre-monde. Ratatosk passait la grande majorité de son temps à faire des allers-retours sur le tronc d'Yggdrasil simplement pour transmettre les insultes échangées entre l'aigle et le dragon. Il perpétuait ainsi leur querelle pour l'éternité. Sur les branches d'Yggdrasil se trouvaient quatre nobles cerfs nommés Dain, Dvalin, Duneyrand et Durathror. Ils couraient sur ses branches les plus hautes et mangeaient les feuilles vertes qu'ils trouvaient là. Enfin, dans l'océan entourant Midgard, il y avait un énorme serpent connu sous le nom de Jôrmungandr, si gigantesque qu'il encerclait le monde des hommes. Le serpent de mer était l'une des progénitures de Loki.

Dans l'ensemble, Yggdrasil représentait le cycle de la vie et de la mort. C'est un concept qu'on retrouve à plusieurs reprises dans la mythologie nordique. La mort n'était pas perçue comme une fin mais plutôt comme une partie du cycle éternel de la vie, symbolisée par la croissance et le renouveau continus de l'arbre du monde.

LE SAVIEZ-VOUS ?

Yggdrasil est connu sous plusieurs autres noms et épithètes. L'un de ces titres est Hoddmímis Holt ou « le Bois de Hóddmímir ». Cet endroit aurait servi de sanctuaire au couple humain Líf et Lífthrasir pendant le Ragnarök. Sans cet endroit, ils n'auraient jamais survécu et l'humanité aurait disparu.

23e petite HISTOIRE

ODIN À LA CONQUÊTE DU SAVOIR !

La connaissance, c'est le pouvoir et ça, Odin l'avait très bien compris. Ce n'est pas pour rien qu'il est aujourd'hui considéré comme le dieu de la sagesse et de la magie. D'ailleurs, c'est l'une des raisons pour lesquelles il n'avait qu'un seul œil. Croyez-le ou non, il s'était débarrassé de l'un de ses yeux volontairement pour acquérir quelque chose de bien plus précieux : la sagesse. Ce sacrifice, il l'avait fait sans broncher pour satisfaire sa fascination insatiable pour le savoir, mais aussi pour sauver les dieux. Car plus que tout au monde, il désirait trouver un moyen pour prévenir la destruction de ses semblables lors du Ragnarök.

Dans la mythologie nordique, les runes étaient des symboles de magie et de pouvoir d'une puissance extraordinaire. Découvrir et savoir comment interpréter ces anciens symboles permettait à quiconque de révéler et de mieux comprendre les mystères cachés de l'univers. La quête d'Odin pour la connaissance s'entrelaçait donc étroitement avec sa recherche des runes. Mais percer ce secret n'était pas une tâche aisée.

LES RUNES DU SAVOIR

Depuis son trône, appelé Hlidskjálf, avec son épouse Frigg à ses côtés, Odin contemplait le monde avec ses yeux perçants. Tout ce à quoi il pouvait penser jour et nuit était ce désir ardent qui le rongeait de l'intérieur et qui le poussait à tout apprendre sur le monde qui l'entourait. Il voulait comprendre chaque secret, chaque vérité cachée dans les neuf mondes. Ce désir, de plus en plus pressant et irrépressible, l'avait poussé à chercher un moyen d'acquérir toute cette connaissance. C'est ce qui avait fini par attirer son attention vers les Nornes.

Les Nornes étaient trois sœurs qui vivaient tout près du puits d'Urd et qui avaient la responsabilité de déterminer le destin de tous les êtres vivants. Même les dieux étaient soumis à leurs sentences, ce qui faisait d'elles les êtres les plus redoutables et les plus sages de tout l'univers nordique. Elles prédisaient l'avenir en gravant des symboles runiques sur l'écorce d'Yggdrasil, et c'étaient précisément ces runes qu'Odin convoitait. Il savait que s'il arrivait à les lire et à les comprendre, il aurait de meilleures chances de prévenir la fin cataclysmique des dieux.

LE SACRIFICE

Odin avait compris en observant les Nornes que seuls ceux qui pouvaient prouver leur valeur et leur courage auraient la chance de connaître le vrai pouvoir des runes. Il prit alors la décision de sacrifier son propre corps pour avoir cette chance. Il informa les autres dieux de ses intentions et leur interdit catégoriquement de lui venir en aide. Ignorant la douleur, il s'empala sur sa lance, Gungnir, et se suspendit à une branche d'Yggdrasil. Il resta là pendant neuf jours et neuf nuits, sans eau ni nourriture, à se faire ballotter dans tous les sens par le vent.

Au neuvième jour, alors qu'il était dans un état qui oscillait entre la vie et la mort, il fut témoin de visions qui lui révélèrent la vraie nature des neuf mondes. Lorsqu'il reprit connaissance, il tomba lourdement de l'arbre et s'écrasa près du puits d'Urd. En relevant la tête, il réalisa qu'il pouvait désormais lire et comprendre les runes gravées dans le bois. Armé de cette nouvelle compétence, Odin devint l'un des êtres les plus redoutables de tout l'univers. Grâce à la maîtrise des runes, il découvrit comment guérir tous les maux, il apprit à invoquer la puissance des tempêtes, à insuffler le courage dans le cœur des guerriers et bien plus encore.

LE PUITS DE MIMIR

Pourtant, même avec ses nouvelles capacités, le roi des dieux n'était toujours pas satisfait. C'est pourquoi il se rendit dans le royaume des géants pour rendre visite à Mimir, le plus sage de tous les dieux. Mimir résidait près d'un puits dont les eaux conféraient une sagesse divine à quiconque en buvait, mais le prix à payer pour pouvoir en boire était cher. Une fois là-bas, Mimir informa Odin qu'il pouvait profiter de la sagesse du puits, mais seulement s'il offrait un sacrifice en retour. Sans la moindre hésitation, Odin serra les dents et arracha son œil, le présentant ensuite en guise de paiement. Une fois l'œil plongé dans les eaux cristallines du puits, Odin but goulûment plusieurs gorgées d'eau. Ainsi, le père des dieux se trouvait désormais investi de la connaissance du puits de Mimir en plus du savoir des runes. Ce sacrifice audacieux témoigne de la résolution inébranlable d'Odin à risquer tout ce qu'il possédait dans sa quête acharnée pour le savoir.

LE SAVIEZ-VOUS ?

Odin possède plus de 170 noms différents qui font tous référence aux divers aspects de sa personnalité, à son rôle en tant que chef des dieux ou encore à ses exploits légendaires. Parmi ces noms, on retrouve Alfodr, qui signifie « père de tous ». Ce nom souligne son rôle en tant que dieu principal et figure paternelle dans le panthéon nordique.

24e petite HISTOIRE

LE PÈRE DE L'HUMANITÉ

L'un des dieux les plus importants de la mythologie nordique était Heimdall, le gardien vigilant d'Asgard. Doté d'une vue et d'une ouïe exceptionnelles, il représentait tout simplement la sentinelle idéale. Depuis sa demeure, Himinbjorg, il pouvait voir tous les habitants et tout ce qui se passait dans les neuf mondes. Mais, plus important encore, Heimdall était connu comme le père de la société humaine et on lui attribuait la création du concept même de classes sociales. Dans le poème Rígsbula, nous découvrons comment un dieu nommé Rig, qui est en réalité Heimdall, devint le créateur de ce qui allait devenir les trois classes sociales principales chez les êtres humains.

LES ESCLAVES

À l'aube de l'humanité, lorsque les hommes évoluaient encore sans aucune forme d'organisation sociale, Heimdall décida de se rendre à Midgard pour explorer le monde des hommes de plus près. Avant de partir, il se déguisa et prit le nom de Rig afin de passer inaperçu. Un beau jour, alors qu'il se promenait le long d'un petit sentier de campagne, il arriva devant une vieille ferme dont la porte était entrebâillée. À l'intérieur résidaient un vieux couple, Ái et Edda, qui accueillirent l'étranger chaleureusement et lui offrirent un modeste repas composé de pain sec et d'un bol de bouillon. Ce soir-là, Rig passa la nuit chez eux et s'endormit entre l'homme et la femme.

Un matin, il décida qu'il était temps pour lui de partir et de continuer son chemin, mais pas sans avoir laissé un petit cadeau. Car neuf mois après son départ, Edda accoucha d'un garçon. Elle l'appela Thrall. Il grandit pour devenir fort et robuste, mais il était quelque peu laid. De nature servile, il excellait surtout dans les travaux physiques. Une fois adulte, le jeune homme reçut la visite d'une femme dont le nom était Thir. Elle épousa Thrall et ensemble, ils eurent douze garçons robustes et neuf filles travailleuses. Cette génération devint plus tard la classe sociale des esclaves et des serviteurs.

LES HOMMES LIBRES

Heimdall se rendit ensuite dans une belle maison très bien entretenue où vivait un fermier nommé Afi avec sa belle épouse, Amma. Le couple était bien habillé et courtois. Ils reçurent leur invité généreusement et lui offrirent de copieux plats cuisinés avec la meilleure viande de veau, provenant de leur ferme. Cette nuit-là, après s'être rassasiés, ils allèrent tous se coucher et Rig, une fois de plus, décida de dormir entre le couple. Sans grande surprise, neuf mois plus tard, Amma donna naissance à un fils qu'elle baptisa Karl. Dès son plus jeune âge, l'enfant démontrait une énergie et une joie de vivre contagieuse. Il était en bonne santé, avait le teint frais et resplendissait de bonheur. À l'âge adulte, Karl épousa une femme nommée Snör et ensemble, ils eurent douze enfants, tous beaux et en très bonne santé. Ces enfants étaient les ancêtres de tous les fermiers, artisans, forgerons et marchands dans le monde. Ils représentaient la classe sociale des hommes libres.

LA ROYAUTÉ

Rig arriva enfin devant une grande maison dotée d'une salle splendide et dont la porte d'entrée était agrémentée d'un magnifique anneau en métal. Au cours de ses voyages dans le monde des hommes, le dieu déguisé n'avait jamais vu de demeure aussi belle. À l'intérieur vivait le couple formé par Fadir et Madir. Eux aussi, à l'image de leur maison, étaient d'une très grande beauté. Leur peau était d'un blanc pur, leur apparence était soignée et leurs vêtements colorés avaient été fabriqués avec les plus beaux tissus. Le couple accueillit Rig chaleureusement et lui offrit un festin composé d'une variété de mets tous plus alléchants les uns que les autres. Rig passa de nouveau la nuit entre l'homme et sa femme et neuf mois plus tard, Madir donna naissance à un fils qu'elle nomma

Jarl. Le garçon avait la peau claire, les cheveux blonds et était doté d'une intelligence remarquable. Très jeune, il savait déjà comment fabriquer des arcs, des boucliers et toutes sortes d'armes avec ses mains habiles.

Quelque temps après, Rig revint les voir et révéla à Jarl qu'il était son véritable père. Il lui enseigna alors l'art des runes et comment devenir un dirigeant compétent et respecté de tous. Écoutant les conseils de son père, Jarl livra de nombreuses batailles et agrandit son domaine en un rien de temps. Il épousa ensuite une femme nommée Erna, qui donna naissance à douze fils dont le plus jeune, Konr, se révéla être le plus talentueux et le plus digne d'être roi. Les descendants de Konr étaient les membres de la royauté dans la société nordique.

LE SAVIEZ-VOUS ?

Le récit des aventures de Heimdall à Midgard sous le pseudonyme de Rig illustre les différentes classes sociales et professions qui constituaient la société scandinave ancienne. Les noms donnés aux enfants qu'ils engendrent reflètent la structure hiérarchique de la société nordique. Thrall, par exemple, veut dire « esclave » en vieux norrois, tout comme Karl et Konr peuvent être traduits respectivement par « homme libre » et « roi ».

25e *petite* HISTOIRE

LA GUERRE DES DIEUX

Il existait à l'origine deux clans de dieux dans la mythologie nordique. D'un côté, les dieux Ases, descendants du couple de géants Bor et Bestla, incarnaient les forces principales de cet univers. Ils représentaient l'ordre et le courage et étaient engagés dans un combat perpétuel contre les forces du chaos, souvent incarnées par les géants. Les dieux Vanes, quant à eux, étaient associés à la fertilité et à la magie. La rivalité entre ces deux clans causa la toute première guerre de la mythologie nordique : la guerre des dieux.

LES VANES ET LES ASES

Il y a très longtemps, tous les dieux vivaient ensemble en harmonie. Les Ases résidaient à Asgard et régnaient sur leur royaume d'une main de fer tandis que les Vanes prospéraient dans le Vanaheim, leur domaine de fertilité et d'abondance. En plus d'être les dieux de la fertilité et de l'agriculture, les Vanes étaient également renommés pour leur maîtrise du *seidr*, une forme de magie très puissante liée au don de prophétie. Au fil du temps, cet équilibre entre les deux clans s'était peu à peu transformé en rivalité, puis en hostilité lorsque la déesse Freyja avait décidé de visiter Asgard.

De tous les dieux et déesses Vanes, Freyja était sans nul doute la plus douée dans l'art du *seidr*. Un jour, elle décida de se déguiser en sorcière, prenant le nom de Gullveig, et de se rendre à la citadelle des dieux Ases. Une fois arrivée, elle dévoila à tous ceux qui étaient présents dans le grand Hall d'Odin la puissance de sa magie. Elle pouvait observer le futur, ensorceler des objets et même fabriquer des baguettes magiques avec de simples bouts de bois. Les démonstrations de Gullveig laissaient les dieux émerveillés. Mais leur admiration se transforma bientôt en mépris quand ils réalisèrent que sa magie, bien qu'impressionnante, entrait en conflit avec leurs valeurs. Pire encore, la sorcière parlait sans cesse de son amour pour l'or, ce qui exaspéra davantage les dieux. Fatigués, ils la saisirent et percèrent son corps à plusieurs reprises avec leurs lances, avant de la jeter dans le feu ardent qui brûlait au cœur du Hall. Bien que consumée par les flammes, elle en ressortit un peu plus tard complètement indemne. Les dieux, stupéfaits, tentèrent alors de la brûler à deux autres reprises, mais à chaque fois, elle émergea du feu comme si de rien n'était.

DÉCLARATION DE GUERRE

Lorsque la nouvelle de ce que les Ases avaient fait subir à Freyja parvint aux oreilles des Vanes, ils jurèrent de la venger. Immédiatement, Odin devina grâce à sa divine prescience que les Vanes étaient sur le point de se lancer en guerre et il rassembla hâtivement ses propres forces. Résolument, il projeta sa lance au milieu des rangs des dieux de la fertilité de toutes ses forces, signalant le début des hostilités. Odin mena ses guerriers à la victoire dans d'innombrables batailles où ils démontrèrent un courage et une détermination inébranlables. Mais les Vanes, maniant la magie avec une habileté experte, refusaient de s'incliner devant la force brute de leurs ennemis. Au contraire, ils sortaient eux aussi victorieux de nombreux combats, infligeant des défaites cuisantes aux forces opposées à maintes reprises. Voilà donc où était le problème : les deux camps étaient de force égale et n'arrivaient donc jamais à obtenir un avantage décisif, ce qui prolongea la guerre plus longtemps que prévu.

ÉCHANGE D'OTAGES

Les deux côtés se lassèrent très vite de cette lutte acharnée et organisèrent donc une réunion entre les chefs des deux camps pour se réconcilier. Pour prouver leur bonne foi, ils échangèrent des otages. Les Vanes décidèrent d'envoyer le dieu de la mer, Njörd, ainsi que ses enfants : Freyr et Freyja. Les Ases avaient envoyé le dieu de la prophétie, Hœnir, ainsi que Mimir, le dieu de la sagesse. Avec Mimir à ses côtés,

Hœnir prodiguait toujours d'excellents conseils aux Vanes, et ils étaient si impressionnés qu'ils firent de lui l'un de leurs chefs. Mais ils découvrirent bientôt qu'il n'était capable de les conseiller que lorsqu'il était avec Mimir car en réalité, le dieu du silence était plutôt lent et simple d'esprit, il ne faisait que répéter mot pour mot ce que Mimir lui chuchotait à l'oreille. Les Vanes, pensant avoir été trompés, décapitèrent Mimir et envoyèrent sa tête à Asgard. Lorsque Odin reçut la tête mutilée, il se mit immédiatement au travail et utilisa sa magie pour la préserver. Ensuite, il lui accorda le pouvoir de la parole pour que Mimir puisse continuer de prodiguer ses précieux conseils et aider les dieux Ases en cas de besoin.

PAIX ET RÉUNIFICATION

Bien que les actes hostiles des Vanes aient profondément irrité les dieux Ases, au lieu de réengager le conflit, ils choisirent de mettre fin à la guerre une bonne fois pour toutes. Pour sceller leur nouvelle amitié, les deux groupes s'étaient réunis et avaient craché dans un grand chaudron. À partir de leur salive, un être nommé Kvasir était né.

LE SAVIEZ-VOUS ?

Certains historiens soutiennent que le mythe de la guerre des dieux trouve ses origines dans un événement bien réel de l'histoire scandinave. Deux clans se seraient affrontés pour des raisons territoriales et le groupe connu pour sa nature guerrière aurait émergé victorieux face au clan qui basait ses pratiques sur la magie et les rites de fertilité.

26e petite HISTOIRE

L'HYDROMEL, SOURCE D'INSPIRATION POUR TOUS LES POÈTES

Vous êtes-vous déjà demandé comment certains poètes trouvaient leur inspiration ? Dans la mythologie nordique, on croyait que c'était une boisson divine, connue sous le nom d'hydromel poétique, qui était à l'origine de tout le talent inné des hommes pour la poésie. Dans cette histoire, nous apprenons comment le roi des dieux, Odin, a réussi à s'emparer de ce breuvage divin et à le partager avec l'humanité.

L'HOMME LE PLUS SAGE DU MONDE

Il y avait à l'origine de l'hydromel poétique un homme nommé Kvasir. Il était renommé pour sa sagesse et sa connaissance du monde, souvent décrit comme le plus sage de tous les êtres vivants. L'histoire de sa création est assez unique. Tout de suite après la guerre entre les dieux Ases et les Vanes, les deux parties décidèrent de sceller leur trêve en crachant tous dans un énorme chaudron. C'est à partir de la salive combinée de tous ces dieux que Kvasir fut créé. Mais les dieux se rendirent vite compte que ce n'était pas un être humain ordinaire : il était capable de répondre à toutes les questions, il avait toujours réponse à tout.

Très vite, Kvasir gagna en notoriété et il commença à voyager dans le monde entier, partageant son grand savoir avec les hommes et offrant ses conseils aux dieux. Cependant, un jour son destin prit une tournure inattendue. Au cours d'un voyage, il rencontra deux nains sournois nommés Fjalar et Galar. Ils l'invitèrent innocemment chez eux et dès qu'il entra, ils le tuèrent et le vidèrent de tout son sang. Ils mélangèrent le sang de leur victime avec du miel pour brasser un hydromel divin. La boisson nouvellement créée avait des propriétés magiques et quiconque en buvait devenait très sage et doué dans l'art de la poésie.

LE GÉANT ET L'HYDROMEL

Après un certain temps, les dieux remarquèrent que Kvasir était introuvable. Ils le cherchèrent partout, mais en vain. Ils avaient besoin de lui et de ses conseils judicieux, trouvant sa disparition soudaine très étrange. Durant leurs recherches, ils tombèrent sur Fjalar et Galar. Lorsqu'on leur demanda s'ils savaient ce qui était arrivé à Kvasir, ils répondirent qu'il s'était étouffé avec son propre savoir et qu'il en était mort. Leur réponse était très tirée par les cheveux mais sans Kvasir à leurs côtés pour les conseiller, les dieux ne purent détecter leur mensonge. Mais un peu plus tard, les nains finirent tout de même par se retrouver dans une situation délicate : leurs vies étaient entre les mains d'un géant nommé Suttungr. Ce dernier avait découvert que les nains étaient les meurtriers de son père et il s'apprêtait à le venger. Fjalar et Galar le supplièrent de les laisser vivre, allant jusqu'à lui proposer d'échanger leurs vies contre l'hydromel qu'ils avaient créé. Le géant finit par accepter et prit le breuvage avec lui jusqu'à sa montagne, Hnitbjörg, où il le cacha dans une chambre secrète. Il ordonna ensuite à sa fille, Gunnlöd, de garder cet endroit sous surveillance jour et nuit.

Finalement, le secret de ce qui était arrivé à Kvasir ainsi que l'existence de l'hydromel poétique et de ses propriétés magiques furent éventés, arrivant jusqu'aux oreilles d'Odin. Le dieu sut alors qu'il ne pouvait pas laisser un tel trésor entre les mains de n'importe qui, surtout pas d'un géant. C'est pourquoi il changea d'apparence, prit le nom de Bölverk et s'aventura jusqu'au Jotunheim pour dérober l'hydromel lui-même.

LA RUSE D'ODIN

Le plan d'Odin était de se rapprocher de Baugi, le frère de Suttungr, afin de mettre la main sur l'hydromel. Pour ce faire, il devait se débarrasser des neuf esclaves qui travaillaient sur la ferme du géant. Il leur proposa de leur vendre une pierre à aiguiser pour affûter leurs faux et rendre leur travail plus facile. Il jeta la pierre très haut dans les airs et les esclaves, en se précipitant dessus, finirent par s'entretuer dans leur avidité empressée. Odin proposa ensuite à Baugi, qui n'avait plus de travailleurs, de les remplacer lui-même en échange d'un verre de l'hydromel de Suttungr. Il accepta et Odin se mit au travail. Il fut au service du géant tout l'été et lorsque l'automne arriva, il réclama sa récompense ; ensemble, ils partirent donc chez Suttungr. Mais à sa grande déception, le géant refusa leur requête et déclara qu'il ne céderait pas ne serait-ce qu'une seule goutte du précieux breuvage.

Odin proposa alors à Baugi de le voler en utilisant un foret pour creuser un trou dans la montagne. Malgré quelques tentatives de tromperie de la part de Baugi, le trou fut achevé et Odin prit la forme d'un serpent pour s'y faufiler. Une fois à l'intérieur, il rencontra Gunnlöd et conclut un marché avec elle : trois nuits d'amour en échange de trois gorgées d'hydromel, ce qu'elle accepta. Chaque nuit, Odin vida un récipient complet du précieux breuvage. Une fois les trois récipients vides, Odin se transforma en aigle et prit la fuite, se dirigeant rapidement vers Asgard. C'est ainsi, le ventre plein d'hydromel, qu'Odin avait réussi à subtiliser la substance divine à l'origine du talent poétique des hommes pour la mettre en lieu sûr.

LE SAVIEZ-VOUS ?

En dérobant l'hydromel poétique, dans sa hâte, Odin renversa une substance souillée, de qualité moindre, appelée *skáldfífla hlutr* ou « la part du rimailleur ». Cette substance était accessible à tous, mais n'avait pas les mêmes propriétés que l'hydromel poétique. En effet, ceux qui en buvaient devenaient des poètes médiocres.

27e *petite* HISTOIRE

UNE CHEVELURE D'OR, CADEAU DES NAINS

Sif, la femme de Thor, était considérée comme l'incarnation même de la beauté ; aucune autre déesse ne lui arrivait à la cheville. Ce qui la distinguait des autres, c'étaient ses beaux cheveux dorés qui tombaient en cascades lumineuses, semblables aux rayons du soleil, tout autour de ses épaules et sur son dos. Un jour, fidèle à ses vilaines habitudes, Loki avait décidé de jouer un tour à la déesse et de lui prendre ses cheveux. Ce qu'il ne savait pas, c'était que ses actions allaient directement le mener chez le peuple des nains, où il devrait tout faire pour gagner leur sympathie.

LA FARCE DE LOKI

Alors qu'il se promenait tranquillement sur une petite route à Asgard, Loki fut aveuglé par une lumière dorée provenant d'un champ à proximité. En s'approchant, il vit qu'il s'agissait du reflet des cheveux dorés de Sif, qui dormait paisiblement. En voyant la déesse endormie, l'esprit tordu de Loki se mit en action et décida de lui faire une farce. Il sortit une paire de ciseaux et se mit au travail. Il coupa chaque mèche de ses magnifiques boucles dorées laissant la pauvre déesse complètement chauve. Plus tard dans la même journée, Thor, qui était parti loin d'Asgard, rentra chez lui pour découvrir que sa femme avait disparu. En réalité, Sif se cachait de honte. Elle savait à quel point Thor aimait ses longs cheveux et craignait de lui montrer à quoi elle ressemblait désormais. Lorsqu'il la retrouva finalement, elle éclata en sanglots et lui expliqua qu'en se réveillant un peu plus tôt dans la journée, elle avait remarqué qu'elle avait perdu tous ses cheveux.

En voyant sa femme en détresse, Thor fut consumé par une fureur sans précédent. Déterminé à lui rendre justice et à retrouver le coupable, il se rendit au plus vite auprès des autres dieux. Là-bas, en parlant avec ceux qui étaient présents dans le grand Hall d'Odin, il apprit que c'était son frère, Loki, qui était responsable du méfait. Le cri de colère du dieu de la foudre se fit entendre à travers tout le royaume et fit frémir de peur tous ses habitants. Il serra ses poings et jura de tuer son frère pour venger sa femme. Mais Odin avait une autre idée en tête et intervint pour l'arrêter. Il n'approuvait pas de la violence entre les dieux. Au lieu de cela, il ordonna à Loki de réparer son méfait en restaurant la chevelure divine de Sif et de lui redonner toute sa splendeur passée.

L'INGÉNIOSITÉ DES NAINS

Loki savait que s'il n'arrivait pas à restaurer les cheveux de Sif, il avait peu de chance de s'en sortir vivant. Il eut alors la brillante idée de rendre visite aux artisans ingénieux qui vivaient au Svartalheim : les nains. Après un long voyage, il atteignit enfin les profondeurs sombres de leur royaume où il les trouva affairés autour de leurs forges, outils à la main, en train de manipuler toutes sortes de métaux précieux. Pour gagner la confiance des nains, qui étaient de nature méfiante, il complimenta leur travail et leur promit des richesses extraordinaires que l'on ne trouve qu'à Asgard. Voyant que leur curiosité avait été piquée, Loki leur demanda s'ils étaient capables de créer des fils d'or pur si fins et si doux qu'ils ressembleraient aux cheveux de la déesse Sif. Flattés par les éloges du dieu, les nains affirmèrent avec fierté que créer un tel objet était un jeu d'enfant pour eux.

LA CHEVELURE D'OR

Les nains travaillèrent avec acharnement, prenant les barres d'or à pleines mains avant de les lancer dans le feu ardent de leurs forges. Lorsque l'or devint bien malléable, ils le retirèrent et le placèrent sur leurs enclumes. Ils prirent ensuite de petits marteaux et martelèrent les barres d'or jusqu'à ce qu'elles commencent à former de petits fils d'or, aussi fins que des cheveux. Ils auraient pu s'arrêter là, mais ils savaient que ce travail n'était pas encore digne des cheveux de Sif. Après tout, elle avait les cheveux les plus fins et les plus légers de tous les dieux et déesses d'Asgard. Les nains se remirent donc au travail avec plus d'ardeur et martelèrent les fils dorés, encore et encore jusqu'à ce que leurs bras affaiblis ne se relèvent plus. Le résultat final était une véritable œuvre d'art. Les fils de cheveux dorés créés par les maîtres artisans étaient aussi brillants que la lumière du soleil et encore plus fins que les vrais cheveux de la déesse. Lorsque Loki tint les filaments dans sa paume, il remarqua qu'ils étaient si légers que même un petit oiseau aurait pu s'envoler en les emmenant sans même sentir leur poids.

Il remercia les nains pour leur magnifique travail et retourna d'un pas pressé à Asgard. Lorsqu'il arriva devant le conseil des dieux, sous les regards furieux de Thor et Odin, il demanda à Sif de dévoiler sa tête chauve. Elle obéit à contrecœur et Loki l'orna des filaments qu'il avait rapportés avec lui. Les fils d'or s'accrochèrent immédiatement au cuir chevelu de Sif comme s'ils y étaient enracinés, épousant parfaitement la forme de sa tête. L'assemblée des dieux était si heureuse de voir Sif retrouver sa beauté qu'elle éclata d'allégresse et pardonna Loki.

LE SAVIEZ-VOUS ?

Sif était vénérée comme la déesse de la famille, de la terre et de la fertilité dans la mythologie nordique. Sa magnifique chevelure dorée était donc souvent comparée aux champs de blé dorés, symbolisant son lien profond avec la fertilité et l'abondance.

28e petite HISTOIRE

TRAHI PAR SON PROPRE FRÈRE

Dans la mythologie nordique, Baldr, le dieu de la lumière et de la beauté, était aimé de tous les autres dieux, sauf un. Son frère, Loki, fils d'Odin et dieu de la malice, était envieux de lui et de toute l'attention qu'il recevait de la part de tout le monde. Un jour, le dieu fourbe avait décidé de mettre en place un plan sournois pour se débarrasser de lui une bonne fois pour toutes.

DES CAUCHEMARS PRÉMONITOIRES

Tout avait commencé avec les cauchemars, de plus en plus fréquents, de Baldr. Chaque nuit, il se réveillait haletant et couvert de sueur. Ses mauvais rêves devenaient de plus en plus sombres et persistants. Il était tourmenté par des visions de sa propre mort et n'arrivait pas à trouver ne serait-ce qu'une minute de repos. Les autres dieux étaient profondément inquiets pour lui, mais ne parvenaient pas comprendre pourquoi il était affligé par ces terribles visions. Odin, ne supportant plus de voir son fils souffrir, avait décidé qu'il devait agir. Il monta sur Sleipnir, le cheval à huit jambes, et se rendit au royaume des morts. Là-bas, il consulta une prophétesse afin de mieux comprendre ce qui tourmentait l'esprit de son fils. En l'interrogeant, il apprit que Baldr allait être tué par les mains de l'un de ses propres frères, le dieu aveugle Höd.

À son retour à Asgard, Odin révéla aux autres dieux ce qu'il avait appris du destin terrible qui attendait le dieu de la lumière. Pour protéger le fils qu'elle aimait par-dessus tout, Frigg parcourut elle-même les neuf mondes pour exiger que chaque créature et chaque objet qui existe dans l'univers jure de ne jamais faire de mal à Baldr. Mais à son grand malheur, elle avait été négligente. Elle ne demanda pas au gui, une plante qui avait l'air bien inoffensive et discrète, de prêter le même serment car la déesse ne croyait pas que la petite plante puisse faire le moindre mal à Baldr de toute façon.

LA TRAHISON DE LOKI

Une fois de retour, Frigg réunit les autres dieux pour mettre à l'épreuve l'invulnérabilité de son fils. Ils en firent une compétition où, un par un, les dieux lui lançaient des flèches, des pierres, des haches et tout ce qu'ils pouvaient trouver à portée de main. Au grand bonheur de Frigg, rien ne pouvait le blesser : tous les objets rebondissaient sur le corps du dieu de la lumière et le laissaient parfaitement intact.

En voyant tous les dieux s'amuser grâce aux nouveaux pouvoirs de Baldr, Loki devint alors très envieux de toute cette attention. Il décida donc de se déguiser en vieille femme et alla voir Frigg. En parlant avec elle, il apprit que le gui avait été le seul à ne pas avoir fait de serment. Avec cette information en tête, il fabriqua une flèche en bois de gui et la donna à Höd, le dieu aveugle. Il murmura alors à l'oreille de ce dernier qu'il devait lui aussi honorer l'invulnérabilité de Baldr en lui décochant une flèche. Le dieu de la malice guida lui-même les mains de l'archer pour s'assurer qu'il visait bien le cœur de son frère.

La flèche partit finalement, siffla quelques secondes avant de se loger dans le cœur de Baldr. Il gémit de douleur et s'écroula un instant plus tard de tout son long. Les dieux Ases n'en croyaient pas leurs yeux. Le dieu aimé de tous, censé être invulnérable, venait de mourir sous leurs yeux ébahis. Frigg, en particulier, était inconsolable. Malgré tous ses efforts, son fils avait rendu son dernier souffle et la sombre prophétie qu'elle craignait tant s'était réalisée. Mais elle n'avait pas complètement perdu espoir. Elle était certaine qu'il était encore possible pour Baldr d'être sauvé. Elle implora les dieux présents pour que l'un d'entre eux se rende au royaume des morts afin de ramener Baldr de force. Ce fut finalement le dieu Hermod, un autre fils d'Odin, qui se porta volontaire pour cette tâche.

LE MARCHÉ DE HEL

Hermod chevaucha Sleipnir pendant neuf nuits entières jusqu'à ce qu'il atteigne enfin les portes du royaume des morts. Là, il s'approcha du trône où se trouvait Hel, la souveraine du Niflheim, ainsi que Baldr qui se tenait à ses côtés. Hermod plaida sa cause et lui raconta à quel point la mort du dieu de la lumière avait causé de la peine à tous les autres dieux. Hel réfléchit un moment et répondit qu'elle était prête à le libérer mais à une seule condition. Toutes choses dans l'univers devraient pleurer pour lui et montrer à quel point il leur manquait. Elle ajouta que si quelqu'un refusait de pleurer pour lui, Baldr devrait rester avec elle pour l'éternité.

Quand vint le temps de pleurer la mort de Baldr, tout ce qui existait dans la création se mit à verser des larmes de chagrin, à une seule exception. Une géante, connue sous le nom de Thökk, mais qui était en réalité Loki déguisé, refusa de le pleurer. Lorsque les autres dieux lui demandèrent pourquoi elle ne pleurait pas, elle leur répondit de manière nonchalante qu'elle ne l'aimait pas et qu'elle allait laisser Hel le garder à ses côtés. C'est ainsi que, dans sa malice et sa jalousie, Loki parvint à tuer son frère et à l'emprisonner dans le royaume des morts.

LE SAVIEZ-VOUS ?

Dans la mythologie nordique, la mort tragique de Baldr est considérée comme l'événement précurseur du Ragnarök, la fin du monde. C'est pourquoi les dieux étaient à ce point terrifiés lors de sa mort : ils savaient qu'avec la disparition du dieu de la lumière, la fin du monde était imminente.

29e petite HISTOIRE

THOR À LA PÊCHE AU SERPENT DE MER

Thor, le dieu du tonnerre et protecteur des hommes, était réputé pour être le meilleur guerrier d'Asgard. Peu de gens pouvaient rivaliser avec sa force brute et encore moins avec sa volonté de fer. C'est pourquoi la mythologie nordique regorge d'histoires sur ses exploits légendaires et ses aventures assez particulières. Dans l'une d'elles, Thor se retrouva par exemple à bord d'un bateau de pêche à la poursuite de nul autre que le serpent de mer Jörmungand.

LE FESTIN D'AEGIR

Tout avait commencé lorsque les dieux avaient décidé d'organiser un festin somptueux dans la demeure du géant de la mer, Aegir. Il n'y avait qu'un petit problème : les dieux Ases étaient de grands buveurs, et Aegir avait déclaré qu'il n'avait pas de chaudron assez large pour brasser et contenir tout l'hydromel nécessaire pour satisfaire tous les invités présents. Le dieu de la guerre, Tyr, s'était rappelé que son père, le géant Hymir, était le seul à posséder une cuve capable de contenir une telle quantité d'hydromel. Les dieux décidèrent alors d'envoyer Thor dans le royaume des géants pour ramener avec lui le chaudron tant convoité. Juste avant de partir, celui-ci prit la peine de se déguiser en jeune homme pour ne pas éveiller les soupçons du géant. Lorsqu'il arriva finalement chez Hymir, celui-ci était en train d'abattre trois taureaux pour recevoir son invité et lui offrir un bon repas. Il pensait que cela serait plus que suffisant pour eux deux, mais il avait gravement sous-estimé l'appétit de Thor. À la grande surprise du géant, le dieu du tonnerre mangea deux taureaux entiers à lui seul et il avait encore de la place pour un autre. Plus qu'agacé par le comportement de son invité, Hymir annonça qu'ils devaient désormais aller pêcher le lendemain matin afin de ramener suffisamment de nourriture pour le reste du séjour.

SORTIE EN MER

Dès l'aube, ils se mirent à la recherche d'appâts avant de partir en mer et Thor ne trouva rien de mieux comme choix que d'arracher la tête de l'un des meilleurs bœufs d'Hymir, ce qui exaspéra encore plus le géant. Ils montèrent ensuite tous deux dans une barque et prirent le large. Une fois arrivé à l'endroit où il avait l'habitude de pêcher, le géant jeta sa ligne dans l'eau et peu de temps après, il attrapa deux énormes baleines. Le géant était satisfait, mais pour Thor, ce n'était pas assez. Il décida alors de continuer à ramer encore plus loin des côtes. En voyant qu'ils s'éloignaient de plus en plus, et que la côte devenait très petite à l'horizon, Hymir devint de plus en plus nerveux. Il exigea qu'ils opèrent un demi-tour sans perdre de temps. Il craignait la créature gigantesque qui se cachait dans les profondeurs sombres de l'océan.

UNE PRISE DE TAILLE

Au lieu d'écouter les avertissements d'Hymir, Thor, qui était l'ennemi juré du serpent de Midgard, n'en fit qu'à sa tête et continua de ramer. Une fois arrivé loin au large, où la côte n'était plus du tout visible, Thor déposa ses rames et lança sa propre ligne avec la tête de bœuf dans l'eau. Lorsque Jörmungand remarqua la tête de bœuf, il fondit sur elle, la gueule béante, et saisit l'appât. Sans hésitation, Thor tira sur la ligne de toutes ses forces, les pieds solidement ancrés au fond du bateau. Ils se lancèrent tous deux dans une bataille de traction où chaque côté tentait d'attirer l'autre vers une mort certaine. Le serpent de mer se débattait furieusement, et la mer se déchaînait autour de lui, créant d'énormes vagues et des tourbillons menaçants. Mais Thor, sûr de lui, ne relâcha jamais son emprise. Petit à petit, il vit une masse sombre remonter à la surface. Enfin, il vit l'énorme tête de Jörmungand émerger des vagues et se prépara à le frapper avec son marteau. Mais au même moment, l'eau avait commencé à submerger le bateau et Hymir paniqua. Craignant pour sa vie, le géant coupa la ligne, renvoyant le serpent dans les profondeurs de l'océan.

Thor était incrédule. Il était si près de se débarrasser de son plus grand ennemi, mais il avait été contrecarré par la lâcheté du géant. Alors qu'il regardait le corps du serpent de mer retomber lentement dans les abysses, une rage ardente envahit son cœur. Furieux d'avoir manqué cette occasion en or, il se tourna vers Hymir et lui donna un coup sur l'oreille, ce qui fit basculer le géant par-dessus bord. Finalement, Thor revint seul sur la petite barque et rapporta, comme prévu, le chaudron dans la salle d'Aegir à temps pour le grand festin.

LE SAVIEZ-VOUS ?

L'histoire de la partie de pêche de Thor et de son affrontement avec Jörmungand était probablement l'un des mythes les plus appréciés par les anciens peuples nordiques. Nous le savons grâce à plusieurs pierres gravées qui sont censées représenter le mythe, trouvées en Suède et au Danemark. Elles dépeignent Thor avec son marteau Mjöllnir à la main, terrassant Jörmungand sous lui.

30e petite HISTOIRE

UNE POMME PAR JOUR POUR LA JEUNESSE ÉTERNELLE !

La longévité et la force des dieux Ases étaient étroitement liées à la déesse de la jeunesse éternelle, Idunn. Elle possédait et gardait avec elle les pommes d'or magiques qui donnaient aux dieux leur apparence juvénile. Les fruits de la déesse étaient plus précieux que tout autre trésor dans les neuf mondes et étaient naturellement très prisés. Un jour, alors qu'elle ne se doutait de rien, Idunn se fit kidnapper par le géant Thjazi qui convoitait par-dessus tout ces pommes à l'origine de la vitalité des dieux.

LE SERMENT DE LOKI

Le mythe de l'enlèvement d'Idunn commençait par une belle journée ensoleillée alors qu'Odin, Loki et le dieu du silence, Hœnir, voyageaient à travers Midgard. À la nuit tombée, la faim se faisait sentir chez le trio. Heureusement, ils tombèrent par hasard sur un troupeau de bœufs qui avaient l'air bien gras et appétissants. Ravis à l'idée de ce bon festin, Loki abattit puis nettoya l'un des bœufs tandis qu'Odin et Hœnir allumaient un grand feu pour le cuire. Une fois que tout fut prêt, ils se rassemblèrent autour du feu pour rôtir la viande. À leur grande surprise, après ce qui semblait pourtant être une éternité, la viande restait crue et froide. Perplexes, ils se demandaient comment les morceaux de viande avaient bien pu défier la chaleur des flammes lorsqu'ils furent soudainement interpellés par une voix tonitruante venant de la cime des arbres au-dessus d'eux. Celui qui avait parlé était un aigle géant, perché sur une branche. Il proposa aux trois dieux un marché. Il leur dit que s'ils lui permettaient de partager la viande avec lui et de le laisser manger en premier, il lèverait le sortilège qui empêchait le feu de cuire la viande. À contrecœur, mais n'ayant aucune autre alternative, Odin et ses compagnons acceptèrent et l'accueillirent auprès de leur feu.

L'aigle se mit alors à manger avidement toutes les meilleures parties du bœuf, laissant seulement les parties moins désirables. Lorsque Loki remarqua ce qu'il leur avait laissé, il fut pris d'une telle rage qu'il se jeta sur lui avec une branche. Il ne pouvait supporter de voir l'animal profiter de tous les efforts qu'ils avaient faits pour préparer le repas ! Mais l'aigle réagit rapidement, saisissant la branche avec ses puissantes serres avant de s'envoler très haut dans le ciel avec Loki, terrifié, toujours accroché à l'autre bout de la branche. Conscient qu'une chute d'une telle hauteur signifierait une mort certaine, il supplia l'immense oiseau de le ramener au sol. L'aigle se révéla ensuite être le géant Thjazi et dit au dieu effrayé qu'il le reposerait sur terre à la condition que Loki jure de lui livrer Idunn et ses pommes magiques. Craignant pour sa vie, Loki accepta à contrecœur.

L'ENLÈVEMENT D'IDUNN

De retour à Asgard, Loki se mit immédiatement à la recherche d'Idunn pour pouvoir la leurrer et l'emmener hors d'Asgard. Il trouva la déesse auprès d'un arbre chargé de pommes et lui raconta qu'il avait découvert à Midgard des fruits encore plus beaux que ceux qu'elle avait. Intriguée, la déesse lui demanda où exactement se trouvaient ces fruits et Loki lui offrit de l'accompagner lui-même pour lui montrer l'emplacement exact. Une fois là-bas, ils se rendirent dans une forêt sombre aux arbres gigantesques. C'est là que Thjazi les attendait patiemment. Tapis dans le feuillage épais des arbres et toujours sous sa forme d'aigle, il fondit sur Idunn plus vite que l'éclair et l'emporta avec lui dans le Jotunheim.

Terrifiée, la déesse n'eut d'autre choix que d'accepter son sort et de se laisser emporter par le géant contre sa volonté.

LES DIEUX VIEILLISSENT

Quelque temps après son enlèvement, les dieux et déesses d'Asgard commencèrent à ressentir les conséquences de son absence. Sans les pommes miraculeuses d'Idunn, ils vieillissaient et s'affaiblissaient à vue d'œil. Des rides profondes creusaient leur peau autrefois immaculée et leurs pouvoirs se mirent à décliner chaque jour un peu plus. Odin ne pouvait plus attendre, il savait qu'il devait agir rapidement, alors il convoqua les autres dieux. L'un des dieux présents se souvint que la dernière fois qu'Idunn avait été vue, elle était avec Loki. Lorsque les dieux trouvèrent Loki, ils menacèrent de le torturer s'il ne révélait pas immédiatement ce qui était arrivé à la déesse. Il admit finalement l'avoir amenée à Midgard mais que tout cela était dû au serment qu'il avait fait au géant Thjazi. Le père des dieux déclara alors que puisque c'était lui qui était à l'origine de ce problème, il devait également être celui qui trouverait la solution.

LA RÉDEMPTION DE LOKI

Pour aider le dieu fourbe, Freyja lui prêta sa cape magique en plumes de faucon. Elle permettait à celui ou celle qui la revêtait de se transformer en faucon. Grâce à la cape, Loki put facilement se rendre au Jotunheim et infiltrer le repaire de Thjazi, où il trouva Idunn seule dans l'une des chambres de son château. Il eut alors un éclair de génie. Il transforma la déesse en petite noix et l'emporta entre ses serres. Mais déjà, Thjazi revenait chez lui et il aperçut le faucon, réalisant qu'il s'agissait de l'un des dieux Ases. Il ne pouvait pas se permettre de perdre la déesse et ses pommes, il se transforma donc rapidement en aigle pour les poursuivre. Alors que Loki était sur le point d'arriver à Asgard, il vit derrière lui que Thjazi se rapprochait dangereusement. Au moment même où le géant allait le rattraper, les dieux intervinrent et brûlèrent les ailes de l'aigle qui s'écrasa devant eux. Thjazi, agonisant, fut finalement achevé par les dieux qui le transpercèrent de leurs lances. Idunn revint saine et sauve à Asgard, et ses pommes restaurèrent la force et la vitalité des dieux.

LE SAVIEZ-VOUS ?

Idunn joue plus d'un rôle dans la mythologie nordique. En plus d'être responsable de garder les dieux jeunes et forts, elle servait également de médiatrice entre eux. Dans une histoire, Loki avait commencé à lancer des insultes contre le mari d'Idunn, Bragi. Au lieu de se laisser entraîner dans les provocations du dieu fourbe et d'attiser le conflit, Idunn désamorça la situation en conseillant à Bragi de ne pas s'emporter.

31e petite HISTOIRE

UN MARIAGE HORS DU COMMUN

Dans la mythologie nordique, l'union entre le dieu de la mer, Njörd, et la géante Skadi, bien que scellée par les liens sacrés du mariage, ne saurait être qualifiée de relation conjugale harmonieuse. En réalité, tout en eux, allant de leur apparence physique à leurs personnalités, semblait être en totale opposition. On trouve en effet assez peu de points communs entre un dieu qui s'épanouit dans l'air frais et l'immensité de la mer et une géante qui, elle, évolue dans la nature sauvage et la grandeur des montagnes enneigées du Jotunheim. Mais alors, comment et surtout pourquoi se sont-ils retrouvés ensemble malgré leurs natures contradictoires ?

LE DIEU DE LA MER

L'histoire de leur union débuta avec une tentative des dieux Ases de former un pacte avec la géante afin de mettre fin au conflit entre eux et de l'apaiser. Mais avant de voir les résultats de ce pacte, il faut connaître la nature du futur époux de Skadi. Njörd faisait partie de la race des dieux Vanes, les dieux de la fertilité et de la magie qui avaient fait la guerre contre les dieux Ases. Cette guerre semblait être interminable en raison des forces égales des deux camps. Las de se battre sans relâche, les Ases et les Vanes se résolurent alors à faire une trêve. Un traité de paix fut conclu dans lequel des otages avaient été échangés pour prouver leur bonne foi. C'est ainsi que le dieu de la mer et ses deux enfants, Freyr et Freyja, se retrouvèrent à vivre entre les murs d'Asgard.

UN MARI POUR SKADI

De son côté, Skadi avait décidé de se rendre à Asgard pour venger son père, le géant Thjazi. Le géant avait été tué parce qu'il avait enlevé la déesse Idunn pour accéder à ses pommes de jouvence. Skadi ignorait ces détails, elle savait seulement que son père avait été tué et qu'elle était prête à tout pour le venger. Elle prit donc les armes de son père, enfila une armure et quitta le royaume des géants pour se rendre à Asgard. À son arrivée dans le royaume des dieux, elle fit part de ses intentions, armée et prête à affronter quiconque oserait la défier. Mais au lieu de se ruer sur elle, les dieux offrirent à la géante une forme de réparation. Dans un premier temps, ils lui proposèrent une somme d'argent qu'elle refusa immédiatement. Ensuite, elle fut invitée à choisir un époux parmi les dieux, mais à une seule condition : elle devait choisir son futur mari parmi eux uniquement en examinant leurs pieds. Comme beaucoup de femmes, Skadi était très attirée par le dieu de la lumière, Baldr. Elle le considérait comme le plus beau d'entre eux et accepta la condition. Elle s'était dit qu'il était logique que ses pieds soient à l'image du reste de son corps. Mais elle se trompait gravement. À sa grande déception, c'était le dieu de la mer Njörd qui possédait les plus beaux pieds parmi les dieux.

Les pieds du dieu de la mer étaient peut-être beaux, mais le reste de son corps était loin d'être aussi attrayant. Il faut dire que Njörd passait la grande majorité de son temps dans sa résidence, Nóatún, près de la mer. Son apparence physique avait été altérée par les longues années passées sur l'eau et il dégageait une odeur de sel et de poisson très désagréable pour elle. Mais heureusement pour Skadi, leur union n'était pas encore scellée. Il y avait une autre condition pour finaliser le mariage entre eux, celle-ci fixée par Skadi. Elle annonça que pour accepter son union avec Njörd, il fallait que l'un d'entre eux la fasse rire, ce qu'elle pensait être impossible. Elle ne savait pas que les dieux avaient un atout dans leur manche : Loki. Connu pour son esprit ingénieux, il réfléchit un moment et eut une brillante idée. Il prit une chèvre et attacha l'extrémité d'une corde autour de la barbiche de l'animal et l'autre extrémité autour de ses testicules. À chaque fois que la chèvre tirait sur la corde, Loki hurlait et gémissait de douleur.

Ce spectacle étrange la fit rire de façon incontrôlable, ce qui scella son union avec Njörd. Odin savait que la géante n'était pas du tout satisfaite du résultat de son mariage. Par conséquent, il lui offrit un dernier cadeau en guise de pardon. Il lui présenta deux orbes lumineux et elle reconnut immédiatement qu'il s'agissait des yeux de son père, Thjazi. Odin lança les deux sphères très haut dans le ciel et elles formèrent deux étoiles brillantes pour que Skadi puisse toujours lever les yeux et voir le regard de son père dans les cieux.

CHACUN CHEZ SOI

Le mariage entre Skadi et Njörd ne fut donc pas un grand succès, pour des raisons évidentes. Njörd voulait vivre près de la mer où il se sentait le plus à l'aise, tandis que Skadi voulait vivre dans les régions sauvages des montagnes de Thrymheim, où elle pouvait chasser et skier à sa guise. Ils avaient essayé de faire fonctionner leur mariage en convenant de passer neuf nuits dans chaque lieu, mais cet arrangement ne dura pas. Ils étaient tous les deux misérables quand ils devaient vivre chez l'autre. C'est pourquoi ils décidèrent de mener leurs vies chacun chez soi.

LE SAVIEZ-VOUS ?

Skadi est le seul personnage de la mythologie nordique associé au ski. Elle est souvent représentée dans l'art et la littérature skiant gracieusement dans les montagnes enneigées de sa patrie, au royaume des géants. Le ski était probablement une activité très importante pour les Scandinaves dans le passé, et il existe même des preuves d'art rupestre en Norvège datant de plus de 5 000 ans avant notre ère représentant une personne sur des skis.

32e *petite* HISTOIRE

CRAINT PAR LES DIEUX, IL EST ENCHAÎNÉ AVEC UN LIEN MAGIQUE

Loki a engendré avec la géante Angrboda les créatures les plus monstrueuses et dangereuses de la mythologie nordique. Parmi elles, le loup Fenrir est sans conteste le plus redoutable. Une ancienne prophétie prédisait qu'il dévorerait le roi des dieux, Odin, lors du Ragnarök, et que sa simple présence représentait une menace pour tous les autres dieux. Il n'est donc pas très surprenant qu'ils aient pris des mesures draconiennes pour s'assurer que cette bête sanguinaire ne puisse jamais accomplir cette sombre prophétie.

LES ENFANTS DE LOKI

Lorsque les dieux apprirent l'existence des trois enfants de Loki, ils se réunirent pour déterminer leur destin. Pour se protéger contre ces menaces imminentes, ils jetèrent tout d'abord Jôrmungand dans l'océan, où il grandit si vite qu'il avait fini par entourer Midgard. Ensuite, ils confinèrent Hel aux Enfers, pour qu'elle y règne en maîtresse sur l'âme des défunts. Mais personne ne savait exactement quoi faire avec Fenrir. Sa nature violente et imprévisible le rendait encore plus dangereux que les deux autres. Au lieu de se débarrasser de lui comme ils l'avaient fait avec Hel et Jôrmungand, ils décidèrent de garder le loup à Asgard, sous surveillance constante. Mais ils furent alors confrontés à un autre problème. Fenrir était si craint que personne ne voulait l'approcher pour le nourrir. C'est pourquoi cette tâche fut confiée au dieu de la guerre, Tyr.

LE DIEU DE LA GUERRE ET LE LOUP

Tyr était l'un des dieux les plus valeureux d'Asgard. Mais il était aussi bien plus que cela : il incarnait la justice et l'honneur à l'état pur, deux vertus qui définissaient son caractère et ses actions. C'est pourquoi il n'était pas très difficile pour les autres dieux de le laisser s'occuper du terrible loup. Lorsque Fenrir n'était encore qu'un louveteau, tout se passait bien et il était régulièrement nourri par Tyr.

Les vrais problèmes survinrent peu de temps après. En raison de ses origines divines, Fenrir grandissait à vue d'œil et chaque jour qui passait, sa malice ne faisait que croître. Il grandissait à un rythme si alarmant que les dieux commencèrent à s'inquiéter. Ils craignaient qu'à tout moment il ne se lance dans une frénésie bestiale et détruise tout sur son passage. Ils se réunirent donc à nouveau pour tenter de trouver une solution à ce problème. Ils arrivèrent à la conclusion qu'ils devaient absolument le lier et le restreindre. Ils fabriquèrent alors un premier lien très solide avec lequel ils l'attachèrent pour tester sa force. Fenrir, quant à lui, savait bien que la chaîne ne ferait pas le poids contre sa force brute et la brisa en un instant. Les dieux créèrent alors un autre lien encore plus fort que le précédent mais Fenrir le brisa tout aussi facilement.

LE LIEN MAGIQUE

Il était clair que les chaînes ordinaires ne réussiraient jamais à contenir la force de Fenrir. Odin décida alors de faire appel au savoir et à l'ingéniosité des nains. Il envoya un messager vers le Svartalfheim avec pour mission de demander aux nains de fabriquer un lien si solide que même Fenrir ne pourrait s'en défaire. Les nains acceptèrent sans hésitation et se mirent au travail. Ils utilisèrent six ingrédients très inhabituels pour créer un lien magique qu'ils appelèrent « Gleipnir » : le son du pas d'un chat, la barbe d'une femme, les racines d'une montagne, les tendons d'un ours, le souffle d'un poisson et enfin le crachat d'un oiseau. Si vous vous demandez pourquoi nous ne voyons plus ces choses dans notre monde, c'est parce qu'elles ont toutes été utilisées par les nains pour créer cet artefact magique et unique. Le lien était aussi lisse et souple qu'un ruban de soie, mais plus fort et résistant que toutes les chaînes forgées par des mains humaines ou divines.

L'EMPRISONNEMENT

Lorsque le lien magique fut ramené à Asgard, les dieux réalisèrent qu'ils étaient confrontés à un dernier problème. Ils craignaient que Fenrir ne se méfie de l'artefact magique et refuse de se laisser lier volontairement. Lorsqu'ils présentèrent Gleipnir à Fenrir, ce dernier sentit qu'ils essayaient de le duper. Il refusa de se laisser lier à moins que l'un des dieux ne mette sa main dans sa gueule en gage de bonne foi. Un silence assourdissant s'installa entre eux, ils craignaient tous de perdre leur main. Tyr, quant à lui, savait que perdre une main était un petit sacrifice pour la sécurité d'Asgard et de tous ses habitants. C'est pourquoi il se porta volontaire et plaça sa main dans la gueule béante du loup. Dès que Fenrir découvrit qu'il avait été trompé et que les dieux avaient utilisé un lien magique pour le ligoter, il referma ses crocs acérés et avala la main de Tyr. La bête fut ensuite attachée à un énorme rocher dans un endroit isolé, loin de tout, avec une épée au travers de sa gueule.

LE SAVIEZ-VOUS ?

Selon les légendes nordiques, alors que Fenrir hurlait incessamment de rage, maudissant les dieux alors qu'il était attaché au rocher avec Gleipnir, un énorme flot de salive coulait de sa bouche. Cette salive créa une rivière appelée Ván, qui signifie généralement « espoir » ou « attente » en vieux norrois.

33e petite HISTOIRE

IL SE DÉGUISE EN FEMME POUR RÉCUPÉRER SON MARTEAU DIVIN !

Difficile d'imaginer Thor, l'incarnation même de la masculinité et symbole du guerrier nordique idéal, arborant une robe de mariée. Pourtant, c'est exactement ce qu'il dut faire pour récupérer son marteau Mjöllnir. L'arme légendaire avait été dérobée par le roi des géants, Thrym, et sans elle, la vie de tous les dieux Ases était menacée.

OÙ EST MJÖLLNIR ?

Un matin, Thor s'était réveillé et avait remarqué que son marteau, Mjöllnir, n'était plus là. D'habitude, il dormait avec l'arme à ses côtés, au cas où il devrait s'en servir dès son réveil. Mais ce jour-là, il était introuvable. Pris de panique, il s'était précipité à l'extérieur pour le chercher. Il avait parcouru Asgard, les yeux grands ouverts, fouillant minutieusement chaque petit recoin. Il faut préciser que Mjöllnir était une arme extrêmement puissante et sans elle, Asgard devenait vulnérable aux attaques des géants. Il était donc vital de la retrouver au plus vite pour rétablir l'équilibre et empêcher leurs ennemis de marcher sur leur citadelle.

Incapable de retrouver son marteau, Thor fit appel à Loki, sachant que ce dernier serait, grâce à son ingéniosité, d'une grande aide dans cette situation. Contrairement à ses habitudes, Loki accepta d'aider son frère, et ce sans arrière-pensée. Ensemble, ils allèrent à la rencontre de Freyja et Loki la supplia de lui prêter l'une de ses fameuses capes magiques en plumes de faucon pour se mettre à la recherche du voleur. Après avoir obtenu l'objet magique, il se transforma en faucon et s'envola vers le Jotunheim, certain que le voleur s'y trouvait.

LA PROPOSITION DE THRYM

Une fois là-bas, il aperçut Thrym, le roi des géants, assis sur une grande colline en train de fabriquer des colliers en or pour ses chiens. Loki se posa près de lui et l'interrogea. Après quelques questions, il avait compris que c'était bel et bien Thrym qui avait volé Mjöllnir. Le géant lui révéla qu'il l'avait caché à huit mille lieues de profondeur dans la terre et qu'il ne le rapporterait que si on lui donnait Freyja comme épouse. De retour à Asgard, Loki informa les dieux de la requête du géant et bien sûr, Freyja refusa l'ignoble proposition. Le gardien d'Asgard, Heimdall, eut alors une idée. Il proposa de déguiser Thor avec les habits de Freyja et de l'envoyer jusqu'au Jotunheim pour infiltrer le Hall de Thrym. Tout le monde dans la grande salle félicita Heimdall pour son excellente idée, sauf Thor. Il refusait d'être humilié de la sorte et de porter des habits de femme. Finalement, il n'eut d'autre choix que d'accepter lorsque son père, Odin, le contraignit à suivre le plan pour le bien d'Asgard.

THOR, LA MARIÉE

Malgré ses muscles saillants, sa barbe rousse et son expression enragée, les dieux et déesses d'Asgard avaient tout fait pour rendre Thor aussi féminin que possible. Ils l'avaient enveloppé d'un voile de mariée, lui avaient donné le collier de Freyja et enfin, ils l'avaient habillé d'une très longue robe pour couvrir ses jambes velues. Loki prit ensuite la forme d'une demoiselle d'honneur et se plaça à côté de Thor dans le chariot qui les emmenait chez les géants. Une fois là-bas, ils furent accueillis avec faste par Thrym et sa cour de géants. Miraculeusement, le roi ne décela pas que sa future épouse était en réalité le dieu du tonnerre. Il y eut donc un festin, lors duquel les géants avaient servi une énorme variété de viandes, de poissons, de hors-d'œuvre et une abondante quantité d'hydromel pour tous les invités. Les vrais problèmes commencèrent lorsque Thor ne put résister à la tentation de boire plusieurs tonneaux d'hydromel et de dévorer un bœuf entier à lui seul.

Naturellement, Thrym, en voyant sa future épouse s'empiffrer ainsi, devint très suspicieux, mais Loki, l'esprit vif, évita la catastrophe d'une astucieuse répartie : il expliqua au géant que Freyja avait été si nerveuse avant le mariage qu'elle n'avait pas mangé depuis des jours, d'où son appétit vorace. Un peu plus tard, Thrym tenta d'embrasser sa mariée, mais en relevant le voile, il vit deux énormes yeux rouges furieux le fixer et prit peur. Cette fois, Loki le convainquit que Freyja n'avait pas dormi depuis des jours, raison pour laquelle elle avait les yeux rouges.

LA REVANCHE

Après le festin, il fut finalement temps de sceller leur union lors d'une grande cérémonie. Comme promis, Thrym ramena Mjöllnir avec lui et le posa sur les genoux de sa mariée. Sans hésiter, Thor saisit immédiatement le marteau et l'écrasa de toutes ses forces sur la tempe du géant, le tuant sur le coup. Il fut alors pris d'une folie meurtrière frénétique et bestiale, abattant férocement chaque géant dans la salle, avant de retourner à Asgard avec Loki à ses côtés. Bien qu'humilié, il avait enfin retrouvé son marteau et avait même eu l'occasion de se défouler avant de revenir chez lui.

LE SAVIEZ-VOUS ?

Bien que le marteau légendaire de Thor, Mjöllnir, soit réputé pour être l'une des meilleures armes de la mythologie nordique, c'est en réalité une création ratée à l'origine. En effet, alors que le nain Sindri était en train de travailler avec ardeur pour créer le marteau à la suite d'un pari avec Loki, il fut perturbé par le dieu farceur déguisé en mouche. Par conséquent, Mjöllnir sortit de la forge avec un manche beaucoup plus court que prévu. Ce qui n'empêcha pas Thor d'en faire bon usage lors de ses nombreuses aventures !

34e petite HISTOIRE

POUR RÉCUPÉRER SON COLLIER, ELLE CAUSE UNE GUERRE PERPÉTUELLE

Le collier des Brisingar avait été façonné par les mains expertes des maîtres nains et était réputé comme étant le plus beau bijou sur terre. Naturellement, la déesse Freyja, amatrice d'or et de bijoux, le convoitait plus que tout au monde. Lorsqu'elle s'en empara enfin, elle le garda sur elle en tout temps, ne voulant jamais s'en séparer. Mais malgré toutes ses précautions, un jour, il disparut mystérieusement. Désespérée mais déterminée à le retrouver coûte que coûte, sa recherche finit par déclencher une guerre éternelle parmi les êtres humains.

LE DÉSIR DE FREYJA

En plus d'être la déesse associée au désir, à l'amour et à la beauté, Freyja était également associée à l'or. Cette histoire commence justement avec son désir éperdu pour le métal des rois. Un beau matin, juste avant l'aube, Freyja se réveilla en rêvant d'or et de richesses. Comme possédée par ce besoin ardent, elle se leva et quitta la demeure où elle vivait avec son mari, Odin. À une heure si matinale, tous étaient endormis sauf un : Loki. Il aperçut la déesse qui se dirigeait d'un pas léger vers le Bifröst, le pont arc-en-ciel. Curieux de savoir ce qu'elle pouvait bien faire dans le royaume des hommes, il décida de la suivre de près. Freyja voyagea toute la journée et ce n'est que lorsqu'elle aperçut une petite caverne avec une entrée très étroite qu'elle s'arrêta. Loki, marchant toujours sur ses talons, la vit y entrer et décida de jeter un coup d'œil à l'intérieur pour voir ce qu'elle faisait.

LE COLLIER DES BRISINGAR

Dès qu'elle posa les pieds dans la caverne, la déesse fut immédiatement aveuglée par une lumière dorée émanant du centre. Là, elle aperçut le plus beau collier qu'elle ait jamais vu. Il était fait d'or pur, gravé de motifs complexes et de courbes délicates s'entrelaçant. Pour elle, il s'agissait là du plus beau bijou existant sur terre et elle sut dès qu'elle posa les yeux sur lui qu'il devait absolument lui appartenir. Elle vit alors quatre nains entourant le collier et comprit que seule leur dextérité légendaire pouvait avoir créé un tel objet. Ils se présentèrent comme Alfrigg, Dvalin, Berling et Grerr et demandèrent à la déesse ce qu'elle faisait dans leur forge. Elle répondit, un léger sourire aux lèvres, qu'elle venait acheter le magnifique collier qui se trouvait devant eux. Les quatre forgerons se regardèrent et finirent par répondre qu'il n'était pas à vendre. Elle insista et leur offrit des montagnes d'argent et d'or provenant directement d'Asgard, mais les nains continuèrent de refuser. Ils avaient déjà plus qu'assez d'or et d'argent en leur possession et ils lui indiquèrent que ce qu'ils désiraient vraiment, c'était elle.

La première réaction de Freyja fut le dégoût. Les nains étaient certes de très bons artisans, mais ils étaient aussi très laids avec leurs corps difformes et peu attirants. Mais elle finit par se dire que c'était en réalité un moindre prix à payer pour obtenir le collier. Les quatre nains déclarèrent que puisqu'ils avaient tous participé à sa fabrication, il était juste qu'ils reçoivent chacun une récompense égale. Ils conclurent donc un marché : Freyja devrait passer une nuit avec chacun d'eux en échange du collier de Brisingar. Après un moment de réflexion, la déesse accepta, bien que cela fût à contrecœur. Quatre nuits plus tard, Freyja obtint donc le collier tant désiré et retourna à Asgard aussi vite qu'elle le put, sans rien révéler de ce qui s'était passé à quiconque. Malheureusement pour elle, Loki avait tout vu et avant qu'elle ne quitte la forge des nains, il courut à Asgard pour tout raconter à Odin.

LE PRIX À PAYER

Lorsque Odin apprit ce que sa femme avait fait, son expression se durcit. Il ne pouvait pas croire que sa belle épouse se soit laissé aller avec des nains. Pour la punir, il ordonna à Loki de lui dérober le collier et de le lui ramener immédiatement. Cette nuit-là, Loki se glissa donc furtivement jusqu'à la porte de la chambre de Freyja et constata qu'elle était verrouillée. Craignant de la réveiller, il se métamorphosa en mouche et se glissa dans la chambre sans faire de bruit. Il trouva le collier autour de son cou et, après de nombreuses tentatives, parvint enfin à le lui enlever et à s'enfuir par la porte. Le lendemain matin, lorsqu'elle se réveilla et constata que son collier avait disparu, elle se rendit directement auprès d'Odin pour le confronter. Ce dernier était furieux mais lui offrit tout de même une chance de se racheter et de récupérer le collier. La seule chose qu'elle avait à faire était de créer une guerre perpétuelle entre deux rois mortels, Hedin et Hogni, pour semer la guerre et la misère dans le cœur des hommes. Prête à tout pour récupérer son bien, elle accepta et utilisa ses pouvoirs pour maudire deux rois humains, les condamnant à se battre et à s'entretuer pour toute l'éternité.

LE SAVIEZ-VOUS ?

Le collier des Brisingar a inspiré le nom d'un ordre d'étoiles de mer : les Brisingida. Elles partagent avec le collier légendaire de Freyja une apparence très particulière qui les démarque des autres étoiles de mer. Elles sont généralement rouges ou orange et arborent de longs bras ondoyants ornés de reliefs détaillés.

35e petite HISTOIRE

LORSQUE LA FOUDRE SE HEURTE À LA PIERRE !

Les dieux nordiques ont énormément de fierté et ne laissent personne les insulter sans répliquer. Le géant Hrungnir l'apprit à ses dépens au moment où il se moqua des dieux Ases alors qu'il était invité à Asgard. Fatigués des vantardises du géant, les dieux décidèrent de laisser leur meilleur guerrier, Thor, lui donner une bonne leçon.

LE PARI D'ODIN

Ce récit démarre lorsque Odin décida un jour de quitter son trône pour aller se dégourdir les jambes. Il prit son fidèle destrier, Sleipnir, et galopa aussi vite que le vent jusqu'à ce qu'il atteigne les terres inhospitalières du Jotunheim. Il rencontra sur sa route un énorme géant, nommé Hrungnir, qui complimenta son cheval. Odin répondit avec fierté que Sleipnir était le cheval le plus rapide de tous les neuf mondes et qu'aucune autre monture ne pouvait rivaliser avec lui. Le géant répliqua que son propre cheval, un étalon à la crinière dorée nommé Gullfaxi, était certainement plus rapide.

Pour prouver que son destrier était le meilleur, Odin proposa une course entre les deux. Il était si sûr de lui qu'il misa sa propre tête dans son pari avec le géant. Hrungnir accepta et les deux partirent comme des flèches. Leurs montures se déplaçaient si vite que leurs sabots touchaient à peine le sol. Ils traversèrent des collines, des forêts, des montagnes et bientôt le géant se rendit compte qu'ils venaient tout juste de passer par les portes d'Asgard. Odin remporta la course, bien que de peu, et invita donc le géant irrité à venir boire avec lui au Valhalla.

HRUNGNIR CHEZ LES ASES

Une fois à l'intérieur, les dieux invitèrent Odin et Hrungnir à manger et à boire avec eux. Le géant avait une très faible tolérance à l'alcool et, après quelques verres d'hydromel seulement, il devint complètement ivre. Il était si enivré qu'il commença à lancer des insultes à droite et à gauche. Il affirmait fièrement qu'il pouvait boire toute la bière qu'ils avaient, faire sombrer Asgard dans les profondeurs de la mer, puis terrasser tous les dieux Ases à lui seul. C'est à ce moment-là que Thor entra dans la salle comme une tempête, son marteau à la main. Il n'en croyait pas ses yeux ni ses oreilles. Qu'est-ce qu'un géant, leur ennemi éternel, faisait là à boire au milieu des dieux ? Voyant le visage indigné de Thor avec son marteau en main, Hrungnir le traita de lâche et lui lança un défi. Il dit au fils d'Odin qu'ils s'affronteraient à une date ultérieure où tous deux auraient leurs propres armes. Thor accepta, plus qu'impatient de donner une bonne leçon à l'intrus.

THOR CONTRE HRUNGNIR

Il est important de signaler, à ce stade du récit, que Hrungnir était considéré comme l'un des géants les plus puissants du Jotunheim. C'est pourquoi, quand il fut de retour parmi les siens, les autres géants se montrèrent très excités à l'idée d'un duel entre lui et le dieu du tonnerre. Ils voyaient dans ce duel une occasion de démontrer enfin leur supériorité sur les dieux Ases. Mais ils ne pouvaient se permettre de perdre et avaient donc réfléchi à toutes sortes de moyens pour améliorer leurs chances. Les géants eurent l'idée de construire un énorme géant en argile pour tenter d'effrayer Thor et d'insérer dans sa poitrine le cœur d'une jument. Quant à Hrungnir, il avait un cœur et une tête en pierre, tout comme son bouclier. De même, son arme était une énorme pierre à affûter.

Le jour du duel, Thor arriva accompagné de son fidèle serviteur, Thjalfi. Juste avant le combat, Thjalfi dit à Hrungnir qu'il était bien niais de ne pas protéger le sol sous ses pieds, car c'était par là que Thor attaquerait en premier. Le géant prit peur et mit rapidement son bouclier au sol pour se défendre. Mais il avait été trompé car Thor se jeta sur lui à partir du ciel. Il s'élança vers lui, rapide comme l'éclair, et lança Mjöllnir de toutes ses forces. Hrungnir riposta en lançant sa pierre directement sur le marteau. La collision entre les deux objets produisit un bruit assourdissant et la pierre se brisa en mille morceaux. Certains fragments s'étaient logés dans le crâne de Thor, mais il se releva indemne. Hrungnir, quant à lui, ne fut pas aussi chanceux. Il avait pris toute la force de Mjöllnir en plein visage et s'était écroulé de tout son poids, raide mort. Dans sa chute, il écrasa Thor, ce dernier se retrouvant pris au piège sous la jambe du géant. De nombreux dieux essayèrent alors de soulever la jambe du géant, mais aucun n'y parvint. Contre toute attente, ce fut Magni, le fils de Thor, âgé de seulement trois ans, qui réussit à soulever la jambe sans aucun effort. Thor était si fier de lui qu'il lui offrît en guise de récompense Gullfaxi, le cheval à la crinière dorée du géant battu.

LE SAVIEZ-VOUS ?

Le symbole viking du valknut, composé de trois triangles entrelacés, est souvent associé au cœur de pierre de Hrungnir. Le cœur du géant, qui était la source de sa grande force, était en effet représenté par une forme très similaire à celle de ce symbole qu'on retrouve aujourd'hui sur plusieurs objets et pierres symboliques associés aux anciens peuples nordiques.

36e *petite* HISTOIRE

THOR ET LOKI CHEZ LES GÉANTS

Thor est au cœur de nombreuses histoires captivantes de la mythologie nordique, mais aucune n'est aussi passionnante que son voyage au Jotunheim en compagnie de Loki. Lors de ce séjour chez les géants, les deux frères furent chargés de relever une série de défis pour prouver leur supériorité mais il y avait juste un petit problème : ces défis étaient insurmontables, même pour des dieux...

UTGARD-LOKI

Mais revenons d'abord au début. Un jour, Thor et Loki, accompagnés des deux serviteurs, Thjalfi et Roskva, avaient décidé de voyager vers le Jotunheim pour rencontrer la race des géants car Thor avait entendu parler d'un certain Utgard-Loki, un roi réputé pour sa force exceptionnelle, et voulait absolument se mesurer à lui. Lorsqu'ils arrivèrent au château, ils furent accueillis par le roi lui-même, dans une grande salle où lui et sa cour les attendaient. En jetant un regard au dieu de la foudre, le géant annonça, très haut pour que tout le monde entende, qu'il ne s'attendait pas à voir un si petit homme. Les géants avaient bien sûr entendu parler de Thor, le meilleur guerrier d'Asgard, mais ils ne s'attendaient pas à ce qu'il soit si chétif par rapport à eux. Utgard-Loki précisa ensuite à ses invités que s'ils voulaient séjourner dans son château, ils devraient surmonter une série de défis.

DÉFIS INSURMONTABLES

Loki fut le premier à déclarer fièrement qu'il était prêt à relever le premier défi et se sentait en mesure de battre n'importe qui dans un concours de nourriture. Son adversaire était un géant nommé Logi, et leur défi consistait à dévorer une énorme assiette remplie de viande. Loki mangea avec empressement et ne fit qu'une bouchée de toute la viande. Mais en regardant du côté de son adversaire, il vit que Logi avait non seulement englouti toute la viande, mais aussi les os et même l'assiette en un rien de temps.

Le défi suivant était pour Thjalfi. Le jeune homme était très rapide et choisit donc de défier les géants dans une course. Face à lui se trouvait un certain Hugi, qui était assez petit et maigrichon comparé aux autres géants. Ils coururent l'un contre l'autre autour du château d'Utgard à trois reprises et malgré ses vaillants efforts, Thjalfi n'avait pas réussi une seule fois à rattraper son adversaire. En voyant la défaite de ce dernier, l'orgueil de Thor en prit un coup. Il déclara alors haut et fort qu'il pouvait boire plus de bière que quiconque dans la salle. Thor était un grand buveur et aimait l'hydromel plus que tous les autres dieux. Il était donc sûr et certain de pouvoir remporter ce défi haut la main. Il prit la corne à boire que le géant lui avait donnée, mais après avoir pris trois énormes gorgées, chacune plus grande que la précédente, la corne à boire était toujours presque aussi pleine. Humilié, Thor dut admettre sa défaite et remit la corne au roi.

Ne manquant jamais une occasion de provoquer les dieux, le géant demanda à Thor d'un ton moqueur s'il voulait tenter de relever un autre défi. Il pointa du doigt un chat qui se prélassait dans un coin de la grande salle et le mit simplement au défi de le soulever. Thor prit l'animal sous le ventre et tira de toutes ses forces, mais parvint à peine à soulever l'une de ses pattes. Hors de lui, Thor proposa alors d'affronter n'importe quel géant en combat singulier. Utgard-Loki répliqua qu'aucun géant ne voulait combattre un homme aussi faible que lui mais qu'il pouvait tenter sa chance contre sa vieille nourrice, Elli. À la surprise de tous, la vieille femme, qui n'avait que la peau sur les os, put rivaliser avec la force du dieu et le força même à mettre un genou à terre. Thor, rouge de honte, était bouche bée.

LA SUPERCHERIE DES GÉANTS

Utgard-Loki révéla finalement à ses invités pourquoi ils avaient été si facilement vaincus. Il leur expliqua que l'adversaire de Loki n'était nul autre que l'incarnation du feu lui-même, dévorant tout sur son passage ; Loki n'avait donc aucune chance de gagner. Il leur apprit ensuite que le jeune Thjalfi avait couru contre la personnification de la pensée, un défi insurmontable pour n'importe quel homme ou dieu. Il avoua aussi à Thor que la corne à boire qu'il lui avait donnée était liée à la mer et que ses trois gorgées avaient considérablement réduit son niveau. Le chat qu'il avait été invité à soulever n'était autre que Jörmungand, le serpent qui entourait Midgard. Enfin, la vieille femme contre laquelle Thor avait lutté corps et âme était la personnification de la vieillesse. Utgard-Loki avoua qu'ils étaient en réalité très surpris qu'il ait pu résister si longtemps contre elle avant de s'incliner. Dans le fond, les géants craignaient Thor et avaient donc dû se résoudre au subterfuge pour le tromper.

Après avoir entendu la confession du géant, Thor se sentit si humilié qu'il tenta d'abattre Utgard-Loki d'un coup de marteau. Mais au moment de saisir son arme, il découvrit qu'en lieu et place du géant et de son château, il n'y avait rien d'autre qu'une vaste étendue glacée s'étendant devant lui à perte de vue.

LE SAVIEZ-VOUS ?

Thor et Loki auraient probablement eu une meilleure chance de découvrir la supercherie des géants s'ils avaient su comment interpréter les noms de leurs adversaires. Après tout, le mot *logi* signifie « feu », *hugi* signifie « pensée » et enfin le nom de la vieille femme, *elli*, se traduit par « vieillesse ». S'ils en avaient été conscients, ils auraient pu réaliser que peu importe leur force ou leurs compétences, dieux ou pas, il existe certaines choses dans ce monde qui ne peuvent être vaincues.

37e *petite* HISTOIRE

LE DESTIN FINAL DES DIEUX

Toutes les civilisations humaines ont dans leurs croyances un événement qui détermine la fin du monde. Chez les peuples nordiques, leur conception de l'apocalypse est une fois de plus à l'image de leur perception grandiose du monde. Pour eux, tout prendra fin lors du Ragnarök, le destin des dieux. Cet événement cataclysmique, caractérisé par des batailles monumentales entre les dieux, les géants et les enfants monstrueux de Loki, mettra le monde à feu et à cendres.

PRÉSAGES DE LA FIN

Odin avait eu vent pour la première fois des événements menant au Ragnarök lorsqu'il avait sollicité les prédictions d'une Völva. La prophétesse lui avait révélé que la fin des temps serait annoncée par les cris sinistres de trois coqs. Le premier, Gullinkambi, le coq à crête d'or, réveillerait les Einherjar, de vaillants guerriers vikings morts au combat. Le deuxième réveillerait les âmes des morts dans le royaume funèbre de Hel. Enfin, le troisième coq, Fjalar, pousserait un puissant cri pour annoncer aux géants du Jotunheim de se préparer pour l'ultime affrontement. Par ailleurs, les dieux savaient aussi que la mort de leur bien-aimé Baldr était synonyme d'une fin imminente. Mais ce fut bien le cri funeste des trois coqs qui sonna réellement l'alarme de la fin des temps.

La Völva avait ensuite prédit un hiver terriblement froid. Un hiver comme les hommes ou les dieux n'en avaient jamais connu auparavant. Des vents glaciaux soufferaient de toutes les directions et des tempêtes de neige plongeraient le monde dans un froid et une désolation sans précédent. Cet hiver anormal, connu sous le nom de Fimbulvetr, durerait trois années entières, durant lesquelles l'été ne pointerait pas une fois le bout de son nez. Peu après, les enfants du terrible loup Fenrir, Sköll et Hati, dévoreraient le soleil et la lune, précipitant le monde dans l'obscurité et la peur. Au même moment, le chien qui gardait les portes de Helheim, Garm, se libérerait de ses liens et sèmerait la panique dans les neuf mondes. C'est dans cette ère de chaos et de désolation que l'humanité, désormais terrifiée, commencerait à se désunir. Il était dit que les frères se battraient les uns contre les autres, que les pères tueraient leurs fils et que la bonté serait abandonnée par les hommes.

TOUT LE MONDE SE PRÉPARE

Le premier dieu à observer l'approche inévitable du Ragnarök fut Heimdall, le gardien d'Asgard. Il sentit que la ruine des dieux était imminente et que le dénouement de leurs destins allait se jouer d'un moment à l'autre, il souffla donc dans sa corne, Gjallarhorn, pour alerter les dieux et les préparer au combat. Lorsque Yggdrasil fut secoué par des tremblements violents, semant la peur chez les habitants des neuf mondes, la bataille finale commença. Odin rallia les autres dieux Ases, ainsi que les Einherjar du Valhalla.

Les géants de glace, menés par Hrym, arrivèrent en naviguant sur le navire colossal, Naglfar, fabriqué à partir des ongles des morts. Le serpent de mer, Jörmungand, quitta sa demeure dans les profondeurs pour se diriger lentement vers la terre ferme. Loki fut libéré de ses liens et se prépara à combattre aux côtés de ses semblables, les Jötnars. Enfin, les géants de feu de Muspellheim se joignirent à eux en avançant depuis le sud avec leur chef, Surt, en tête. Tous convergèrent alors vers le grand champ de bataille connu sous le nom de Vígríd.

L'AFFRONTEMENT FINAL

C'est là que le destin final des dieux se joua. Odin trouva la mort entre les crocs acérés du loup Fenrir, mais fut vengé par son fils Vidar, le dieu de la vengeance. Thor, quant à lui, parvint à tuer Jörmungand d'un puissant coup de marteau mais succomba peu après au venin mortel du serpent. Loki et le dieu Heimdall s'entretuèrent tandis que le dieu de la guerre, Týr, terrassa le redoutable chien Garm avant de rendre l'âme à son tour. Freyr, le dieu de la fertilité, se trouva confronté à Surt et, après une bataille acharnée, ils finirent également par s'abattre mutuellement. Au moment de rendre l'âme, Surt balança son épée flamboyante dans toutes les directions pour engloutir le monde dans un torrent de flammes ardentes. Dieux, hommes et géants périrent incinérés et la terre sombra doucement dans la mer.

Mais tout ne s'arrête pas là, tout n'est pas que destruction et misère. De fait, les peuples nordiques ont une conception cyclique de la vie. Le Ragnarök représente donc autant la fin d'une ère que le début d'une nouvelle. Comme l'annonçait la prophétie de la Völva, peu après le Ragnarök, un nouveau monde émergea des eaux, avec des pâturages verdoyants, des cascades pures et des champs fertiles couverts de blé doré. Deux humains, Lif et Lifthrasir, survécurent au Ragnarök en se cachant au sein d'Yggdrasil et repeuplèrent la Terre. C'est ainsi que le Ragnarök prit fin et qu'un nouveau cycle de vie commença.

LE SAVIEZ-VOUS ?

Pour les archéologues suédois Bo Gräslund et Neil Price, le Ragnarök pourrait avoir été inspiré par l'événement climatique de 535-536. Cette période fut marquée par un refroidissement climatique causé par une éruption volcanique qui avait réduit la quantité de lumière solaire, entraînant ainsi la mort de plusieurs récoltes et des étés bien plus courts pendant plusieurs années.

38e *petite* HISTOIRE

IL ÉMERGE DES EAUX PRIMORDIALES POUR CRÉER LE MONDE

Les humains ne sauraient vivre sans eau, et c'est d'autant plus vrai pour l'ancienne civilisation égyptienne qui dépendait entièrement du Nil pour sa survie ; cette dépendance se reflète dans sa mythologie. Dans la vision héliopolitaine de la création du monde, la grande étendue d'eau à l'origine de toute vie était étroitement associée au Nil car c'est dans ces eaux primitives qu'Atoum, le tout premier dieu égyptien, aurait vu le jour.

LE CRÉATEUR

Avant même la création du temps, il n'y avait qu'une énorme masse d'eau tourbillonnante et chaotique qui s'étendait à l'infini dans les quatre directions. Un jour, un être suprême émergea lentement des profondeurs et s'éleva sur une petite motte de terre. Il s'agissait d'Atoum, le tout premier dieu et le père de tout ce qui allait exister. En regardant autour de lui, Atoum se rendit compte qu'il se trouvait seul dans cet immense espace dénué de vie. Très vite, il ressentit le poids écrasant de la solitude et sut qu'il devait intervenir lui-même pour le peupler. Il créa alors ses premiers descendants à partir de son corps pour lui tenir compagnie. Les jumeaux Shou, dieu de l'air, et Tefnout, déesse de l'humidité, vinrent au monde et furent instantanément émerveillés par leur environnement.

Les jumeaux s'intéressaient surtout à ce qui pouvait bien se trouver au-delà de l'horizon. Ils étaient si curieux qu'ils décidèrent d'explorer ensemble l'océan infini qui les entourait. Mais dans leur enthousiasme, ils s'égarèrent et ne savaient maintenant plus comment revenir auprès de leur père. Ils furent absents si longtemps qu'Atoum se sentit à nouveau très seul. Il envoya alors son œil droit pour les retrouver et les ramener à lui. L'œil du créateur retrouva les jumeaux et une fois réunis, Atoum fut tellement soulagé et heureux de les revoir sains et saufs qu'il pleura de joie. Ses larmes créèrent les tout premiers êtres humains.

LA CRÉATION DES DIEUX

Puisqu'ils passaient la grande majorité de leur temps ensemble, Shou et Tefnout devinrent extrêmement attachés l'un à l'autre, au point que leur amour fut à l'origine de la deuxième génération de dieux. Leur fils s'appelait Geb, il était la personnification de la terre ferme et de la végétation. Quant à leur fille, Nout, elle personnifiait le ciel. Tout comme leurs parents, Geb et Nout s'aimaient énormément. Ils étaient constamment dans les bras de l'un l'autre et cette étreinte créa les étoiles ainsi que tous les autres éléments nécessaires à la vie sur terre. Mais leur père, Shou, coupa court à cet amour, ne voyant pas d'un bon œil la nature de leur relation. Un jour, il vint donc les voir et les sépara de force. Il prit sa fille, l'éleva très haut dans le ciel et écrasa Geb avec son pied pour le maintenir sur le sol. En faisant cela, Shou créa les délimitations du monde physique, le ciel et la terre.

Mais l'amour de Geb et Nout avait porté ses fruits et juste avant leur séparation, la déesse avait donné naissance à quatre divinités qui allaient façonner le monde entier. On les connaît sous le nom d'Osiris, Isis, Seth et Nephtys. Ces quatre dieux et déesses représentaient à la fois les bienfaits des terres fertiles et généreuses d'Égypte, mais aussi la cruauté du désert environnant.

L'ENNÉADE EST NÉE

Avec Atoum en tête agissant comme le père des dieux, ces neuf divinités forment un groupe appelé « Ennéade d'Héliopolis », représentant les forces les plus puissantes de l'univers. La paire formée par Osiris et Isis symbolisait l'ordre, la vie et la royauté tandis que Seth et Nephtys représentaient le chaos, le désert et la mort. Un duo ne pouvait exister sans l'autre et l'équilibre entre eux dictait le rythme du cycle de la vie dans l'Égypte antique. Cette vision cyclique de la vie est constamment illustrée dans le *Livre des morts*. Dans un passage du texte funéraire, il est par exemple mentionné qu'Atoum comptait un jour détruire le monde qu'il avait créé pour le renvoyer dans les eaux primordiales de Noun, mais que d'ici là, l'Ennéade avait la lourde responsabilité de maintenir l'équilibre dans le monde.

LE SAVIEZ-VOUS ?

Dans la mythologie égyptienne, il y a trois récits de création majeurs. Le premier est centré sur la ville d'Héliopolis ainsi que sur la figure du dieu créateur Atoum et de sa lignée divine, l'Ennéade. Le deuxième récit se base sur la ville d'Hermopolis et met en scène huit divinités rassemblées sous le nom de l'Ogdoade. Le dieu le plus important des huit est Amon, à qui on attribue la création du monde. Enfin, le troisième mythe, lié à la ville de Memphis, célèbre le dieu Ptah, maître des artisans et créateur de la vie.

39e petite HISTOIRE

IL SAUVE L'ÉGYPTE DE LA FAMINE

Il est évident que la civilisation égyptienne ne se serait jamais autant développée sans le Nil à ses côtés. Les rives du grand fleuve offraient une zone fertile où les Égyptiens pouvaient prospérer dans une région qui, sinon, était dominée par le désert environnant. Sans les eaux nourricières du fleuve pour irriguer leurs cultures, les Égyptiens risquaient de se retrouver sans nourriture, et c'est exactement ce qui se passa dans une légende tristement célèbre de l'Ancien Empire. Sous le règne du pharaon Djéser, il y eut une grande famine, qui dura sept ans, occasionnée par l'insuffisance des crues du Nil. Pour prévenir la mort de son peuple, le souverain dut se résoudre à faire appel à la clémence des dieux.

OÙ EST HAPI ?

Le pharaon Djéser ne dormait plus depuis plusieurs jours, il était inquiet. Il avait reçu une missive lui annonçant que son peuple mourait de faim. Depuis sept ans, le peuple d'Égypte faisait face à une famine sans précédent. Tout le monde au palais était accablé par une tristesse profonde, et le roi sentait le poids du désespoir sur ses épaules. La calamité frappant son royaume était causée une fois de plus par la faible crue du Nil. À cause du manque d'eau, il n'y avait ni céréales ni légumes, et le peu de réserves qu'ils avaient s'estompait à vue d'œil. Désespérés et surtout affamés, les hommes commencèrent à se retourner les uns contre les autres et à voler leurs voisins pour le peu qu'ils avaient.

Dans un ultime effort pour essayer de comprendre ce qui était arrivé aux eaux du fleuve, Djéser fit appel à son vizir, Imhotep. Il lui demanda de trouver où était né le dieu du Nil, Hapi, et de découvrir quel dieu décidait des crues du fleuve. Imhotep commença ses recherches en se rendant au temple de Thot à Hermopolis pour y consulter les archives. Là-bas, alors qu'il feuilletait quelques livres sacrés, il trouva enfin ce qu'il cherchait et revint aussi vite que possible auprès du roi. Il dit au pharaon que le Nil prenait sa source près de la ville d'Éléphantine et qu'il était contrôlé par le dieu à tête de bélier et seigneur des sources sacrées, Khnoum.

LE TEMPLE DE KHNOUM

En apprenant l'identité du dieu responsable de la crue du Nil en plus de l'endroit où il se trouvait, le pharaon ne put s'empêcher de sourire. Il y avait enfin une lueur d'espoir, et il savait qu'il devait honorer Khnoum s'il voulait libérer son peuple de la misère. Déterminé à mettre fin à la famine, Djéser se mit immédiatement en route vers Éléphantine, jusqu'à l'endroit exact détaillé par son vizir. Là-bas, il trouva le temple dédié à Khnoum et une fois à l'intérieur, il fut accueilli par des prêtres qui l'aspergèrent d'eau bénite avant de le laisser s'approcher du sanctuaire. En voyant la statue imposante du dieu, Djéser se mit à genoux et déposa au pied de la sculpture des offrandes de gâteaux, de bière, de volaille ainsi que toutes sortes de trésors et de joyaux ; il pria Khnoum mais aussi les autres dieux et déesses qui résidaient à Éléphantine.

LA CLÉMENCE DU SEIGNEUR DU NIL

Alors qu'il faisait ses offrandes, le roi fut aveuglé par une lumière éclatante et perdit connaissance. En relevant la tête, il se retrouva face à face avec le dieu bélier dans toute sa gloire. Dès qu'il vit celui que certains appelaient le « seigneur de la vie », le pharaon ferma les yeux et pria pour son peuple. Khnoum s'adressa alors à Djéser d'une voix puissante. Il se présenta comme le créateur de l'humanité, qu'il avait façonnée de ses propres mains et à qui il avait donné un cœur. Le roi, encore émerveillé, écoutait attentivement les paroles du dieu. Khnoum expliqua alors que la raison pour laquelle il avait limité les eaux du Nil était due à la nature ingrate des hommes. Le peuple d'Égypte avait accès aux ressources abondantes fournies par la nature mais, malgré cela, ils négligeaient le devoir qu'ils avaient envers les dieux. Les sanctuaires étaient laissés à l'abandon et tombaient en ruine ; de moins en moins de personnes honoraient les dieux. Toutefois, Khnoum se montra magnanime et assura au roi qu'il garantirait l'inondation annuelle et régulière du Nil, promettant des récoltes abondantes et la fin des sécheresses.

LA FIN DE LA FAMINE

Lorsque le roi reprit possession de son corps, il vit la statue inerte de Khnoum et sut que la promesse du dieu sauverait son peuple. En réponse à la bienveillance du dieu, il émit un décret garantissant que le temple du dieu serait désormais toujours bien entretenu et que des offrandes y seraient régulièrement apportées pour l'honorer. Il stipula également que chaque homme et femme puisant dans l'eau du Nil pour l'irrigation de leurs terres devaient offrir une partie de leur récolte en guise de gratitude. Ainsi, que ce soient les pêcheurs lançant leurs filets, les agriculteurs travaillant leurs champs ou encore les chasseurs traquant leurs proies, tous ceux qui bénéficiaient du Nil étaient tenus de verser un dixième de la valeur de leur récolte finale en hommage à Khnoum.

LE SAVIEZ-VOUS ?

En plus de réguler les crues du Nil, Khnoum est également connu comme le créateur du corps humain. Il aurait façonné la forme des êtres humains en utilisant un tour de potier et de l'argile provenant du sol fertile du Nil. Une fois son travail terminé, il donna un cœur à sa création avant de l'insérer dans le ventre de sa mère.

40e petite HISTOIRE

THOT ET L'INVENTION DE L'ÉCRITURE

Thot occupait le rôle très estimé de scribe officiel de l'Ennéade. Il était donc chargé de noter et de préserver la parole divine ainsi que les lois sacrées dictées par les dieux. Il était considéré comme la source principale de la connaissance et de la science. C'est pourquoi il avait autorité sur tous les scribes et érudits d'Égypte. La vaste connaissance de Thot lui avait permis d'inventer un art qui allait changer la façon dont les hommes interagissaient avec le monde : l'écriture. Dans le dialogue « Phèdre » de Platon, nous apprenons que cette invention révolutionnaire, comme c'est souvent le cas, avait été initialement reçue avec une certaine crainte de la part du roi Thamus.

UN DIEU SAVANT

Bien avant l'invention de l'écriture, Thot occupait déjà un rôle majeur au sein du panthéon égyptien. Au tout début de la création, lorsque le monde était encore jeune et immature, il avait émergé des lèvres du dieu soleil, Rê. Il était déjà doté d'une connaissance qui dépassait de loin celle de tous les autres dieux. Dès lors, il prit la position de conseiller et de scribe auprès de l'Ennéade. Très vite, sa réputation en tant que gardien de la connaissance et de la sagesse l'avait amené à devenir le vizir personnel d'Osiris. Son rôle était de prendre des notes sur les résultats de la pesée du cœur une fois qu'Osiris avait terminé son jugement.

Tout le travail qu'il faisait auprès des autres dieux le poussait à se questionner sur l'importance de la science et du savoir.

THOT DÉCOUVRE L'ÉCRITURE

Un jour, Thot fit une découverte qu'il considérait comme plus utile que toutes celles qu'il avait faites auparavant. Excité à l'idée de la transmettre au monde, il rendit visite au roi Thamus pour lui montrer le fruit de sa connaissance. Le dieu à tête d'ibis venait tout juste de découvrir le concept d'écriture et ressentait un besoin pressant de le partager avec la race des hommes pour les aider à sauvegarder leurs connaissances à tout jamais. À travers des symboles complexes, que nous appelons aujourd'hui hiéroglyphes, il était capable d'immortaliser des idées, d'organiser l'histoire, de mesurer le temps et bien plus encore. Avec le pouvoir de l'écriture à sa disposition, tout devenait possible. Il savait très bien qu'il ne pouvait pas garder une telle découverte pour lui seul.

Ainsi, il quitta son domicile à Naucratis et voyagea aussi vite qu'il le pouvait à travers le ciel d'Égypte jusqu'à atteindre le palais du roi à Thèbes. Une fois là-bas, Thamus accueillit le dieu chaleureusement et avec grand respect. Il avait entendu parler de toutes les grandes inventions de Thot et il était honoré de recevoir sa visite. Sa présence signifiait qu'il avait créé une autre grande invention qui pourrait aider son royaume à prospérer.

Thot prit place auprès du roi et commença à énumérer toutes ses trouvailles une par une. Thamus l'écoutait attentivement : il louait l'importance des unes, s'enquérait de la manière dont on pouvait utiliser les autres et lorsque quelque chose ne lui plaisait pas, il disait simplement au dieu qu'il désapprouvait. Thot, quant à lui, continuait à lui montrer toutes ses inventions, se souciant peu de l'opinion du roi. Enfin, il présenta celle qu'il estimait supérieure à toutes les autres : l'écriture. Lorsque Thot montra les hiéroglyphes à Thamus, il lui expliqua avec enthousiasme toutes les possibilités que l'écriture offrait aux hommes. Il l'implora de partager cette connaissance avec tous les Égyptiens pour les aider à améliorer leurs vies. Il prétendait que les lettres et l'écriture rendaient les hommes plus sages et leur donnaient une meilleure mémoire, car elles ne pouvaient pas être oubliées. Mais à sa grande surprise, Thamus ne se montra pas convaincu. Il répliqua que l'écriture pourrait potentiellement rendre son peuple paresseux et inattentif au moment présent. Sa plus grande crainte était qu'ils finissent par faire plus confiance aux caractères écrits qu'à leurs propres souvenirs.

L'IMPORTANCE DU SAVOIR

Malgré la résistance initiale du roi, Thot sut convaincre Thamus qui, à son tour, transmit le pouvoir de l'écriture à son peuple. Avec l'avènement de l'écriture, la connaissance devint plus accessible pour tous. Grâce au travail minutieux des scribes, les communications entre royaumes devinrent plus efficaces, les croyances furent immortalisées et l'histoire des règnes des pharaons préservée pour les futures générations.

LE SAVIEZ-VOUS ?

Des millions d'ibis (une espèce d'oiseau échassier) momifiés ont été découverts notamment sur le site archéologique de Tounah el-Gebel en Moyenne-Égypte. On suppose que les anciens Égyptiens capturaient et sacrifiaient ces oiseaux sacrés lors de rituels avant de les momifier, dans le but de les offrir en hommage au dieu du savoir et de l'écriture, Thot.

41e petite HISTOIRE

SUR SA BARQUE SOLAIRE, IL ILLUMINE LE MONDE

Le dieu soleil, Rê, est la divinité la plus importante de la mythologie égyptienne pour une très bonne raison. En plus d'être le dieu à l'origine de la création, il avait la lourde responsabilité de ramener le soleil avec lui chaque jour, malgré les menaces constantes du serpent des ténèbres, Apophis. Si Rê est le symbole de l'ordre et de la lumière, Apophis représente le chaos et l'obscurité. Jour après jour, lors de son voyage sur sa barque solaire, le Mandjet, Rê se consacrait corps et âme à repousser les attaques du serpent pour faire naître la lumière sur Terre.

LE CYCLE DU JOUR ET DE LA NUIT

Après toute une vie passée à régner sur des êtres humains devenus indisciplinés et ingrats, Rê avait commencé à se lasser de la vie sur Terre. Il aspirait à retourner dans les cieux et à y vivre en paix. Alors, un jour, il appela la déesse du ciel, Nout, et lui demanda de le ramener sur son dos jusqu'au ciel. Avant de quitter le monde terrestre, il nomma Osiris comme son successeur. Mais Rê n'avait pas l'intention d'abandonner totalement sa création. C'est pourquoi il se résolut à veiller sur elle sans relâche, assurant son bien-être en lui offrant la lumière du soleil. Ainsi, même s'il s'était détaché des affaires du monde humain, il continuait à contribuer à l'épanouissement de l'humanité. Dans l'Égypte ancienne, une journée était composée de vingt-quatre heures divisées en deux cycles de douze heures, la journée commençant à l'aube, avant le lever du soleil. Lorsque le soleil se levait à l'est, cela signalait que Rê avait entamé le début de son voyage céleste quotidien à bord de sa barque solaire.

En revanche, lorsque le soleil descendait à l'ouest, ses rayons déclinants et la disparition de la lumière prédisaient le commencement de l'odyssée nocturne de Rê à travers le monde souterrain, le Douât. C'était à bord d'une barque différente, nommée Mesektet, qu'il exécutait ce voyage. Le crépuscule annonçait l'émergence de myriades de démons et de créatures menaçantes, obligeant Rê à rassembler toutes ses forces pour endurer les douze heures de traversée dans le royaume ténébreux. Heureusement, il n'était pas seul. Il avait avec lui plusieurs compagnons qui l'aidaient à repousser les attaques d'Apophis. Parmi eux se trouvait la déesse à tête de chat, Bastet. Bastet était principalement connue comme la déesse de l'amour, de la protection et des femmes, mais elle avait aussi un côté sauvage et impitoyable. C'était l'alliée la plus redoutable du dieu du soleil dans leur lutte constante contre celui qu'on désignait comme le seigneur du chaos.

LA MENACE DES ABYSSES

Apophis était l'antithèse de Rê. Il fut l'un des tout premiers êtres vivants à avoir été créé et avait donc vu de ses propres yeux le chaos des eaux primordiales de Noun. Son vœu le plus cher et la raison même de son existence était de ramener l'univers à son état originel. Il ne supportait pas de voir le monde éclairé par la lumière de Rê et c'est pourquoi il méprisait le dieu du soleil de tout son être. Chaque jour, il se camouflait dans les ombres du Douât et attendait patiemment l'arrivée de Rê et des autres dieux. Lorsqu'il voyait que la barque solaire était à proximité, il se jetait dessus et s'efforçait de la renverser afin de plonger le monde dans l'obscurité.

LE TRIOMPHE DE RÊ

Ce qui permettait à Rê de triompher sur Apophis chaque nuit, c'était l'aide des autres dieux qui l'accompagnaient. Ils avaient tous un rôle à jouer pour le garder en sécurité. Parmi eux se trouvait Maât, la déesse de la vérité et de la justice, qui veillait à ce que la barque ne se renverse jamais. Thot était également présent et offrait des conseils judicieux au dieu créateur. Seth, le dieu du désert et de la guerre, chevauchait en tête de la barque et agissait en tant que gardien. Armé d'une lance, il restait vigilant, prêt à repousser toutes les attaques d'Apophis. Mais la plus importante était bien sûr la fille de Rê, Bastet. Sous la forme d'un chat sauvage et armée d'un couteau tranchant, elle parvenait toujours à abattre le serpent du chaos.

C'est de cette manière qu'ils parvenaient toutes les nuits à renvoyer Apophis dans les ténèbres, permettant au cycle naturel de reprendre sa routine quotidienne avec le lever du soleil à l'est. Mais Apophis n'était pas du genre à se laisser abattre par une simple défaite, son pouvoir était bien trop vaste pour ça. C'est pourquoi, tandis que Rê naviguait sur sa barque solaire pendant la journée, le seigneur du chaos revenait à la vie et récupérait des forces dans le Douât. Il attendait alors le retour de son ennemi juré pour tenter sa chance à nouveau. Ainsi, le cycle se poursuivait pour l'éternité. Rê et Apophis étaient condamnés à se battre l'un contre l'autre dans une bataille sans fin entre la lumière et les ténèbres.

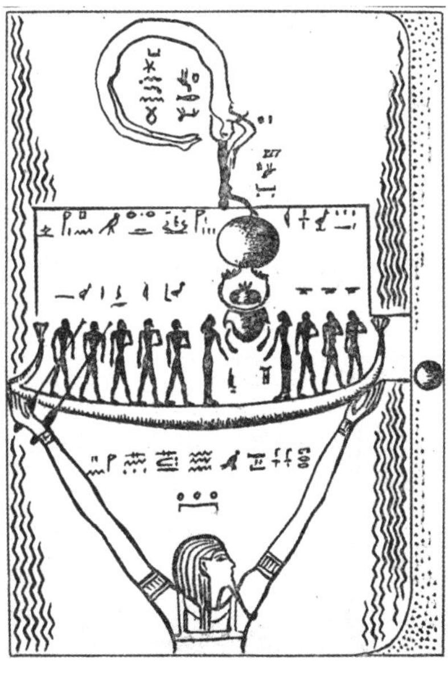

LE SAVIEZ-VOUS ?

Les Égyptiens de l'époque participaient à leur manière, depuis le confort de leur foyer, à la destruction du serpent du chaos. Le *Livre d'Apophis* mentionne plusieurs sorts de destruction et divers rituels que les Égyptiens pouvaient accomplir pour aider le dieu du soleil à repousser le serpent et garantir le passage de la barque solaire dans le royaume souterrain. Des figures à l'image d'Apophis étaient par exemple fabriquées en cire, puis les participants les mutilaient, crachaient et urinaient dessus avant de les brûler.

42e petite HISTOIRE

LE NOM CACHÉ DU DIEU SOLEIL

Dans les croyances de l'Égypte ancienne, les mots possédaient un immense pouvoir. Les noms, par exemple, représentaient l'essence même d'une personne et étaient uniques pour chaque individu. Par conséquent, connaître le nom de quelqu'un conférait un certain contrôle sur cette personne. Le dieu soleil Rê avait d'innombrables noms, chacun représentant un aspect distinct de sa nature divine. La déesse Isis, qui connaissait très bien le pouvoir des noms, désirait régner en maîtresse sur le royaume du dieu créateur. Mais pour y arriver, elle savait qu'elle devait d'abord posséder une partie de son pouvoir. Il n'y avait qu'un seul obstacle qui l'empêchait d'atteindre ses fins : elle ne connaissait pas le nom secret de Rê. Mais Isis avait plus d'un tour dans son sac et résolut de le découvrir à tout prix.

RÊ SE FAIT VIEUX

Après avoir régné pendant plusieurs millénaires sur Terre, Rê commençait à se faire vieux. C'était un dieu, certes, mais même les dieux finissent par succomber à la puissance implacable du temps. Lentement mais sûrement, il s'affaiblissait. Ses mouvements devenaient lents, ses muscles lui faisaient mal et de la salive coulait régulièrement au coin de ses lèvres. Son corps, autrefois beau et fort, devenait de plus en plus frêle. Pourtant, son esprit demeurait vif et alerte. Il continuait à accomplir ses devoirs quotidiens du mieux qu'il pouvait et gardait jalousement son nom secret. Il savait très bien que si quelqu'un parvenait à le découvrir, cela signifierait qu'il serait à la merci de cette personne. Isis, de son côté, n'avait pas manqué de remarquer la faiblesse du dieu soleil. Lorsqu'elle s'aperçut qu'il arrivait au bout de sa vie, elle décida qu'il était enfin temps de mettre son plan en action.

LA MAGIE D'ISIS

La déesse avait décelé la perte de contrôle du dieu soleil sur son propre corps, notamment en remarquant que sa bouche s'ouvrait parfois involontairement et que de la salive tombait par terre. Isis était une magicienne exceptionnelle et se dit qu'elle pouvait faire usage de la salive du dieu pour arriver à ses fins. Un jour, alors que Rê marchait avec difficulté devant les autres dieux, un filet de salive coula de ses lèvres et tomba par terre. Isis ne manqua pas cette opportunité. Elle prit une poignée de terre et la mélangea immédiatement avec la salive pour en faire une boule. Elle utilisa ensuite sa magie pour combiner les deux et créer un serpent venimeux. Plus tard dans la journée, lorsque le dieu revint sur ses pas, Isis plaça discrètement le serpent sur son chemin. Lorsqu'il fut assez proche, le serpent se jeta sur lui et le mordit à la jambe. Rê poussa un cri déchirant, ses yeux se révulsèrent et il s'effondra sur le sol au milieu des autres dieux inquiets.

ENTRE LA VIE ET LA MORT

Les dieux qui l'accompagnaient l'interrogèrent sur son malaise mais ils eurent comme seule réponse les gémissements de Rê. Le venin du serpent se propageait rapidement dans ses veines et il sentait sa force vitale s'échapper petit à petit. Son corps frémissait de douleur et sa mâchoire crispée l'empêchait de parler. Mais dans un effort ultime, il se concentra et utilisa toute sa volonté pour parler à tous ceux présents. Il leur dit qu'il avait été attaqué par quelque chose dont il ignorait l'origine et qu'il sentait la flamme de sa vie sur le point de s'éteindre. Puis, les yeux à demi clos, Rê repéra qu'Isis se trouvait parmi les dieux qui l'entouraient. Tout le monde connaissait les pouvoirs de guérison remarquables de la déesse et Rê sut qu'il était sauvé. Feignant d'être surprise par la situation et arborant un air préoccupé, Isis annonça que le mal provenait probablement du venin d'un serpent. Elle proposa alors de le guérir, mais seulement s'il pouvait lui donner son nom secret.

LA RÉVÉLATION

Réticent, mais n'ayant d'autre choix, Rê commença à énumérer ses différents noms à la déesse. Isis écouta attentivement mais quand il eut fini, elle sut qu'il ne lui avait pas dit son nom secret mais seulement ses autres titres. Elle le pressa de lui dire son vrai nom, celui qu'il gardait caché. Elle ajouta qu'elle ne pourrait retirer le venin de son corps que si elle le connaissait. Le dieu soleil, agonisant, sentit que le venin était sur le point de prendre sa vie. Il consentit alors à lui donner son véritable nom. Il murmura les mots sacrés à l'oreille de la déesse et celle-ci sut immédiatement quoi faire. Elle invoqua l'œil d'Horus et récita une incantation au-dessus du corps du dieu soleil. Lentement, le venin sortit de son corps et Rê fut sauvé. C'est ainsi qu'Isis prit possession du nom du dieu le plus puissant d'Égypte.

LE SAVIEZ-VOUS ?

De nombreux autres dieux ont été assimilés à Rê au fil du temps. Parfois, son nom changeait en fonction de la position du soleil. Il était connu sous le nom de Khepri le matin, de Rê lorsque le soleil était à son zénith, et enfin d'Atoum au crépuscule.

43e *petite* HISTOIRE

RIVALITÉ FRATERNELLE

Avec Rê et Horus, Osiris fait partie des divinités les plus importantes et vénérées de l'Égypte ancienne. Avant de devenir le seigneur incontesté du royaume des morts et juge des défunts, il avait été considéré comme l'un des plus grands rois ayant jamais existé. Il était aimé et respecté de tous, et son règne avait été marqué par une longue période de prospérité et de paix. Mais cette paix ne convenait pas à tout le monde. Le jeune frère d'Osiris, Seth, dieu du désert et du chaos, crevait de jalousie. Il ne supportait pas d'être gouverné par son frère aîné et voulait le trône pour lui seul. Il résolut alors de se débarrasser de lui et de prendre sa place.

UN ROI BIENVEILLANT

Lorsque Osiris était le roi d'Égypte, il avait une grande ambition. Il souhaitait que tout son peuple soit civilisé et que l'agriculture soit enseignée à tous les Égyptiens. Il aspirait à les libérer de leurs modes de vie inférieurs pour les aider à atteindre leur plein potentiel. Lorsqu'il quitta le palais royal pour accomplir cette tâche, il laissa sa femme, Isis, en charge, sachant qu'elle était tout à fait capable de gouverner le royaume. Durant son absence, le dieu du désert, Seth, élabora un plan pour assassiner Osiris et usurper le trône. Seth était jaloux du succès d'Osiris, mais une seconde raison le poussait à haïr son frère de toute son âme : dans le passé, la femme de Seth, la déesse Nephtys, s'était transformée pour prendre l'apparence d'Isis et avait eu une liaison avec Osiris. Le fruit de leur union avait été la naissance du dieu chacal, Anubis. C'est pourquoi, en plus de vouloir s'emparer du trône pour lui-même, Seth voulait également punir Osiris pour ce qu'il avait fait avec sa femme.

LA TRAHISON DE SETH

Juste avant qu'Osiris ne parte pour son voyage à travers l'Égypte, Seth avait secrètement pris les mesures de son corps. Il l'avait fait pour fabriquer un magnifique cercueil qui s'adapterait parfaitement aux dimensions du corps du roi. Lorsque Osiris revint enfin, un grand festin fut organisé et de nombreux invités furent conviés à célébrer son retour. Pendant les festivités, Seth présenta le cercueil en bois magnifiquement orné à tous les invités. Il annonça ensuite qu'il était prêt à le donner à celui ou celle qui pourrait y entrer parfaitement. Excités, les invités se mirent en ligne et essayèrent de s'y glisser l'un après l'autre, mais il était soit trop grand, soit trop petit pour eux. Puis vint le tour d'Osiris. Au moment même où il mit les pieds dedans, Seth et tous ceux qui avaient conspiré avec lui contre le roi refermèrent le sarcophage avec des clous et le jetèrent dans le Nil.

À LA DÉRIVE

Osiris fut alors rapidement emporté par le courant du fleuve et déboucha sur la mer Méditerranée. Le sarcophage, transportant le corps sans vie du pharaon, passa un temps infini à la dérive jusqu'au jour où il échoua à Byblos. Là, il se coinça dans un magnifique tamaris qui se mit à pousser tout autour du cercueil pour l'emprisonner au sein de son tronc. Un jour, alors qu'il se promenait à proximité, le roi de Byblos fut frappé par la beauté de l'arbre. Il ordonna à ses hommes de le couper et de le façonner en un pilier majestueux pour son palais. Pendant ce temps, Isis avait traversé toute l'Égypte à la recherche de son mari. Accablée par le chagrin, elle demandait à tous ceux qu'elle rencontrait s'ils avaient vu un beau cercueil échouer quelque part à proximité. La chance lui sourit enfin lorsqu'elle atteignit Byblos. Là-bas, elle apprit que son mari était encastré dans un pilier du palais royal. Devant les supplications déchirantes de la déesse, le roi accepta de lui rendre le pilier contenant le sarcophage. Le corps d'Osiris fut ensuite ramené en Égypte où Isis le cacha dans une région isolée proche du delta du Nil.

LE ROI DE L'AU-DELÀ

En dépit de tous les efforts de la déesse pour cacher le corps, Seth tomba sur la dépouille d'Osiris, cachée dans les hautes herbes du Nil, complètement par hasard. Surpris, mais surtout déterminé à se débarrasser de lui une bonne fois pour toutes, il découpa le corps de son frère en quatorze morceaux, qu'il dispersa ensuite dans toute l'Égypte pour être sûr qu'il ne reviendrait plus jamais. Venue se recueillir avec sa sœur Nephtys, Isis constata que le corps d'Osiris n'était plus à l'endroit où elle l'avait laissé. Elles parcoururent ensemble toute l'Égypte pour retrouver les fragments éparpillés du roi et les rassemblèrent un par un.

Avec l'aide de Nephtys, Thot et Anubis, la déesse utilisa sa magie pour recoudre le corps, un membre à la fois. Par la suite, Anubis, le dieu des embaumeurs, enveloppa son corps de bandelettes et le momifia, marquant ainsi la création de la toute première momie. Pour achever le processus de résurrection, Isis se transforma en hirondelle et lui insuffla la vie. Malheureusement, bien que ressuscité, Osiris sentait qu'il n'appartenait plus au monde des mortels. Il fit donc ses adieux à sa bien-aimée et aux autres dieux et prit le chemin du royaume des morts, où il régnerait en tant que roi.

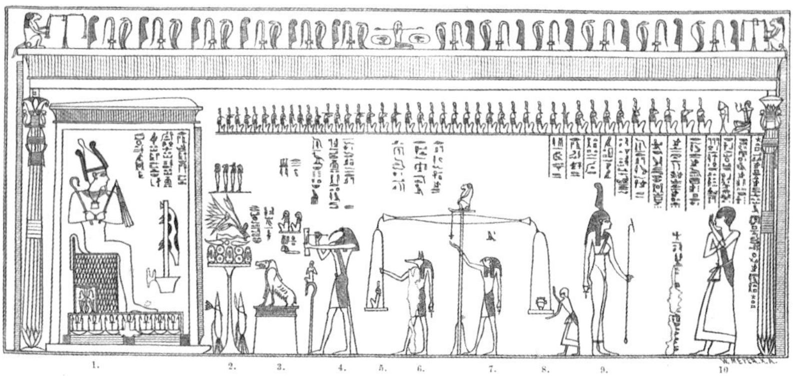

LE SAVIEZ-VOUS ?

Dans l'Antiquité, les Égyptiens célébraient Osiris à travers des festivités connues aujourd'hui sous le nom de « Mystères d'Osiris ». Pendant le mois de Khoiak, qui correspond aux mois d'octobre ou novembre de nos calendriers modernes, des rites religieux étaient pratiqués pour célébrer la mort et la résurrection d'Osiris. Ces festivités étaient marquées par des processions et des rituels basés sur l'effigie du dieu de l'au-delà.

44e petite HISTOIRE

LES SEPT SCORPIONS D'ISIS

Les Égyptiens du monde antique croyaient que certains maux pouvaient être guéris grâce à la magie. Il existait donc une multitude de textes anciens contenant des instructions et des formules magiques très précises pour contrer plusieurs maladies ou même le venin de certains animaux. Parmi ces textes, on trouve une légende inscrite sur la stèle de Metternich qui explique comment guérir du venin des scorpions grâce à une formule magique. L'histoire a pour personnage central la déesse de la magie elle-même, Isis, son exil en Égypte et ses sept scorpions mortels.

HORUS, L'ENFANT DIVIN

Peu de temps avant qu'Osiris quitte le monde des hommes pour régner sur le monde des morts en tant que juge, il parvint à concevoir un enfant avec Isis : ils l'appelèrent Horus. Puisque Osiris ne représentait plus une menace pour lui, Seth emprisonna Isis pour la surveiller et s'assurer qu'elle ne nuise pas à son règne. Mais sa captivité fut de courte durée, car le dieu chacal, Anubis, l'avait libérée. Elle parvint donc à s'échapper des gardes de Seth et à fuir au cœur de la nuit. Pendant son exil, Isis trouva refuge dans les marécages du delta du Nil et donna naissance à Horus. Sachant qu'elle devait protéger le nouveau-né de la fureur de Seth, elle changea d'apparence pour ressembler à une vieille mendiante et erra à travers le désert égyptien, jusqu'à ce qu'elle reçoive enfin de l'aide du dieu de la sagesse, Thot.

LES SEPT SCORPIONS

Thot savait qu'Horus était destiné à prendre la place de son père en tant que roi d'Égypte et qu'un jour, il le vengerait en mettant fin au règne de Seth. Pour aider Isis, il lui envoya sept scorpions nommés Tefen, Befen, Mestet, Mestetef, Petet, Thetet et Matet. Ces scorpions étaient sous la protection de la déesse Serket et ils avaient pour mission de protéger Isis et son nouveau-né. Avec ses nouveaux compagnons pour la guider, Isis traversa le désert aride avec Tefen et Befen derrière elle, Mestet et Mestetef la protégeant sur les côtés, et enfin Petet, Thetet et Matet devant elle. Grâce à ses petits gardiens venimeux, Isis traversa en sécurité le désert jusqu'à atteindre enfin la bordure d'un petit village. Toujours sous l'apparence d'une pauvre vieille femme, Isis frappa à la porte d'une belle maison et une noble dame répondit. En voyant la vieille femme habillée en haillons et accompagnée de sept scorpions, la noble dame eut peur et claqua la porte au nez de la déesse. Isis continua donc son chemin et tomba sur plusieurs petites huttes près d'un marais. L'une des femmes qui y résidaient l'invita à entrer pour se reposer. La déesse, épuisée, accepta volontiers l'invitation et s'endormit sur un petit lit de paille avec son enfant dans ses bras.

LE POISON DE TEFEN

Alors qu'Isis dormait, les sept scorpions se rassemblèrent et complotèrent pour punir la noble femme qui avait refusé de les accueillir chez elle. Six d'entre eux entourèrent Tefen et transférèrent tout leur venin sur son dard. Tefen s'éclipsa alors de la hutte et se rendit à la maison de la noble femme. Il se faufila sous la porte et y trouva un jeune garçon endormi paisiblement dans l'une des chambres et le piqua sans pitié. Le garçon se réveilla en sursaut et hurla de douleur. Les yeux fermés, le souffle haletant, l'enfant s'effondra par terre et quelques instants plus tard, il succomba au venin qui coulait dans ses veines. Le pauvre enfant n'avait eu aucune chance contre le venin combiné des sept scorpions transporté par

Tefen. Sa mère, qui avait entendu le cri de douleur de son fils, fut accablée de chagrin mais ne put rien faire pour le sauver. Il était déjà trop tard. Ses pleurs de détresse résonnaient dans la nuit et parvinrent jusqu'aux oreilles d'Isis.

LA CLÉMENCE D'ISIS

La déesse, qui était elle aussi une mère, fut profondément attristée en apprenant ce qui était arrivé à la femme. Elle était en colère contre les scorpions qui avaient pris une décision sans lui en parler et eut le sentiment qu'elle devait faire tout pour essayer de résoudre la situation. Elle se leva donc précipitamment et sortit de la hutte à toute vitesse. En tant que déesse de la magie et de la guérison, Isis avait le pouvoir d'invoquer les morts et de les ramener à la vie grâce au pouvoir des mots. Mais elle devait agir rapidement car chaque seconde comptait. En arrivant à la maison de la noble femme, elle trouva le corps froid et sans vie du garçon et posa ses mains sur lui. Sentant que le venin se propageait encore en lui, elle tenta de le faire sortir. Fermant les yeux, elle ordonna d'une voix forte et autoritaire : « Ô poison de Tefen, quitte-le et tombe au sol ! » Elle répéta l'incantation pour le venin des six autres scorpions et, lorsque les dernières paroles furent prononcées, les paupières du petit garçon frémirent et son visage, devenu pâle, recommença à rosir. La noble femme fut si reconnaissante qu'elle offrit à la déesse tout ce qu'elle possédait pour la remercier.

LE SAVIEZ-VOUS ?

Les scorpions étaient tellement craints et évités par les Égyptiens qu'ils leur avaient dédié une déesse. Serket, dont le nom signifie « celle qui permet à la gorge de respirer », était donc la divinité chargée de protéger les gens contre la piqûre des scorpions, mais aussi des serpents et de divers autres animaux dangereux.

45e petite HISTOIRE

QUI SUCCÉDERA AU TRÔNE D'OSIRIS ?

Avant de devenir l'une des divinités les plus vénérées de l'Égypte ancienne, Horus, le protecteur des pharaons et dieu du ciel, dut livrer une bataille acharnée contre son propre oncle pour récupérer ce qui lui appartenait de droit : le trône d'Égypte. Seth avait trahi son frère et pris le pouvoir en tant que souverain. Mais, à son insu, Osiris avait engendré un fils avec Isis avant de quitter le monde des hommes. Horus avait appris très jeune qu'Osiris avait été tué par les mains de Seth. Il était donc déterminé à le défier un jour pour venger la mort de son père.

LE TRIBUNAL DE L'ENNÉADE

Lorsque Horus atteignit l'âge adulte, il décida que la meilleure façon de faire face à la trahison de son oncle était de porter l'affaire devant le conseil de l'Ennéade. L'Ennéade était composée des neuf divinités les plus puissantes des croyances égyptiennes et il était certain que leur jugement serait équitable. Après avoir entendu les arguments du jeune dieu, la majorité du conseil était encline à lui donner le trône. Après tout, son père était l'un des plus grands souverains qu'ait connus l'Égypte. Mais tout le monde n'était pas d'accord avec cette décision.

Rê pensait que Seth ferait un meilleur souverain car contrairement à son neveu, il avait de l'expérience. Le conseil des dieux, ne parvenant pas à trancher, fit appel à la grande sagesse de la déesse Neith. Mais même avec l'intervention de cette dernière, qui préférait Horus, le conseil des dieux ne parvenait pas à prendre une décision unanime. Isis prit alors les choses en main, déterminée à faire monter son fils sur le trône. Sous l'apparence d'une belle jeune femme, elle charma Seth et essaya de le forcer à admettre qu'il se trompait sur les règles de succession. Pour ce faire, elle raconta à Seth une histoire où quelqu'un avait usurpé l'héritage de son fils. Seth, indigné par cette injustice, déclara que le fils devait récupérer son héritage. Isis révéla alors sa véritable identité et, grâce à la déclaration de Seth, elle prouva qu'Horus était l'héritier légitime du trône d'Osiris. Mais Seth et Horus décidèrent finalement de résoudre leur conflit d'une tout autre façon.

QUERELLE DE FAMILLE

Ils choisirent de participer à une série d'épreuves qui décideraient une fois pour toutes qui deviendrait le prochain souverain. La première épreuve avait été proposée par Seth. Il avait suggéré qu'ils se transforment tous deux en hippopotames pour voir qui pourrait retenir sa respiration le plus longtemps dans les eaux du Nil. Alors que les deux étaient sous l'eau, Isis essaya d'aider son fils en lançant un harpon pour déstabiliser Seth. Mais l'arme avait dévié de sa trajectoire et frappa Horus. Elle ramena le harpon à elle et le lança à nouveau. Cette fois, la bonne cible fut touchée et Seth hurla de douleur en réprimandant sa sœur. Agacé par les interventions de sa mère, Horus sortit de l'eau et, dans un accès de rage, blessa sa mère avant de partir en furie dans le désert. Seth le pourchassa, le trouva finalement endormi à l'ombre d'un arbre et en profita pour lui arracher les yeux. Heureusement pour Horus, la déesse Hathor eut pitié de lui et utilisa du lait de gazelle pour lui confectionner une nouvelle paire d'yeux. Après ces événements, les défis entre Seth et Horus continuèrent pendant quatre-vingts ans. Durant cette période, ils se mesurèrent dans de nombreuses épreuves pour déterminer qui serait le légitime héritier du trône. À chaque épreuve, le dieu du ciel démontra sa supériorité et finit par remporter chaque défi haut la main.

COURSE SUR LE NIL

Seth déclara au conseil de l'Ennéade qu'il souhaitait proposer un ultime défi pour déterminer le véritable successeur du trône. Horus et l'Ennéade acceptèrent. Le défi consistait en une course à travers le Nil, mais avec une petite particularité : les bateaux devaient être fabriqués en pierre. Seth se rendit donc sur une montagne voisine et tailla la pierre inlassablement pour en faire un bateau. Horus, quant à lui, adopta une approche plus rusée. Il fabriqua secrètement un navire en bois et le déguisa habilement pour imiter l'apparence de la pierre. Le jour de la course, le bateau en pierre de Seth coula immédiatement dès son entrée dans l'eau, suscitant des rires parmi les dieux présents. Le dieu du chaos ne savait peut-être pas que la pierre coulait dans l'eau. En revanche, Horus descendit gracieusement le Nil sur son navire. Frustré et humilié par son échec, Seth se transforma en hippopotame et entra en collision de toutes ses forces avec le bateau de son neveu, le faisant voler en éclats.

LE TRIOMPHE D'HORUS

Le bateau de Seth avait coulé, Horus avait triché : les dieux restaient dans l'incapacité totale de décider qui accéderait au trône. En dernier recours, ils se tournèrent finalement vers le souverain du monde souterrain, Osiris en personne. Sa réponse fut franche et prévisible. Il affirma qu'aucun meurtrier, tel que Seth, ne méritait de monter sur le trône d'Égypte. Horus fut donc nommé souverain légitime d'Égypte et seigneur des terres fertiles, tandis que Seth fut banni dans le désert.

LE SAVIEZ-VOUS ?

Lors de l'affrontement contre son oncle Seth, Horus perdit son œil gauche. Il fut plus tard restauré grâce à la magie du dieu de la sagesse, Thot, et devint connu sous le nom d'« Œil Oudjat ». Dans l'Égypte ancienne, il était utilisé comme symbole de protection et était souvent peint sur les murs des temples et sur les sarcophages de pharaons.

46e *petite* HISTOIRE

LE DESTIN DES HOMMES SE JOUE SUR UNE BALANCE

Le peuple de l'Égypte antique croyait que chaque action pouvait se retourner contre eux une fois qu'ils atteignaient le tribunal d'Osiris après leur mort. Il fallait donc faire très attention de ne jamais manquer de respect envers les dieux. Heureusement pour eux, il existait un guide explicatif avec des textes funéraires et des formules magiques, qui était utilisé pour les aider à accéder à l'au-delà. Il s'agissait du *Livre des Morts* et c'est aujourd'hui encore la source la plus importante que nous ayons sur la façon dont les Égyptiens voyaient la vie après la mort. Dans ce livre, nous apprenons de quelle façon l'âme des défunts était jugée dans le Douât et le terrible destin qui attendait ceux ayant vécu dans le péché et le crime.

LES CHAMPS D'IALOU

L'objectif ultime de n'importe quel Égyptien dans l'Antiquité était d'atteindre les Champs d'Ialou après la mort. Dans une idée similaire à celle du Paradis chrétien, ils croyaient que les âmes des morts qui avaient traversé les épreuves d'Osiris se réunissaient toutes là-bas, retrouvaient leurs proches et les dieux pour y vivre ensemble en harmonie pour l'éternité. C'était décrit comme un endroit magnifique, rempli d'arbres chargés de fruits mûrs, de champs dorés qui s'étendaient à perte de vue, un lieu où la douleur, la faim et la tristesse n'avaient aucune emprise sur quiconque. Qui ne voudrait pas passer l'éternité dans un endroit pareil ? Il y a très longtemps, un papyrus fut dédié à un scribe royal de Thèbes nommé Ani et à son voyage dans l'au-delà. On y apprend que pour atteindre ce paradis tant convoité, il y avait d'abord plusieurs étapes à franchir et bien sûr, que ce parcours commençait par la mort.

LA PESÉE DU CŒUR

Avant de commencer son voyage dans le monde souterrain, le corps d'une personne devait être préparé d'une certaine manière : c'est ici que le processus de momification entre en jeu. Ce procédé de momification était essentiel car son but était de maintenir le corps du défunt dans un état reconnaissable pendant qu'il voyageait dans le monde souterrain. Ce n'est qu'après que toutes les préparations et tous les rituels nécessaires aient été accomplis que l'âme pouvait enfin quitter le monde mortel pour aller dans le Douât. Une fois là-bas, l'âme devait naviguer dans le monde souterrain et s'assurer de ne pas être dévorée par le serpent du chaos et de la destruction, Apophis. Une fois cet obstacle de taille surmonté, l'âme arrivait alors dans la salle des deux vérités, gardée par la déesse de la justice : Maât.

Une fois à l'intérieur, l'âme était escortée par le dieu des embaumeurs, Anubis, jusqu'à une énorme balance dorée. Derrière elle se trouvait Osiris, assis sur un trône et dominant tous ceux qui étaient présents dans la salle du tribunal divin. Mais il n'était pas seul. Il était accompagné de quarante-deux juges qui participaient avec lui à l'évaluation de la valeur d'une âme. Pour la personne jugée, il était crucial de connaître le nom de chacun des quarante-deux juges pour avoir une chance de franchir cette étape difficile du voyage dans l'au-delà. Heureusement, le *Livre des Morts* contenait toutes les informations nécessaires pour s'adresser aux juges et franchir cette étape du jugement. Une fois devant Osiris, il était enfin temps de confesser son innocence. Avec Maât et Anubis présents, il était inutile de mentir, ils savaient tout. Il fallait offrir son cœur, littéralement, et réciter tous les actes favorables accomplis au cours de la vie. L'étape suivante était la plus importante mais aussi la plus angoissante pour la personne jugée.

LA DÉVOREUSE DES MORTS

Une fois que l'âme avait clamé son innocence, son cœur était pris par Anubis et remis à Osiris. Le roi du monde souterrain le plaçait alors sur la balance de la justice et le pesait contre une plume blanche de Maât. Si le cœur était plus léger que la plume, la personne pouvait respirer librement car cela signifiait qu'elle était admise dans les Champs d'Ialou pour l'éternité. En revanche, si le cœur se trouvait être plus lourd que la plume, cela signifiait que les péchés commis pendant la vie de la personne jugée étaient beaucoup trop lourds. Dans ce cas, le cœur était pris par Anubis et jeté au sol, au pied d'Ammout. Ammout était connue comme la dévoreuse des morts, son rôle étant de manger le cœur des âmes qui n'avaient pas passé le jugement d'Osiris. Les Égyptiens croyaient qu'une âme dont le cœur avait été dévoré par Ammout ne pourrait jamais trouver le véritable repos et qu'elle souffrirait pour toujours.

LE SAVIEZ-VOUS ?

Anubis était l'une des divinités les plus vénérées dans l'Égypte ancienne. Considéré comme le protecteur des tombes, on a retrouvé plusieurs statues à l'effigie d'un chacal dans différents tombeaux égyptiens. Il y avait même toute une ville dédiée à son culte, nommée Cynopolis, la « ville des chiens ».

47e petite HISTOIRE

LE CHÂTIMENT DE RÊ

Dans le *Livre de la vache du ciel*, le mythe de la destruction de l'humanité nous en apprend beaucoup sur la façon dont les Égyptiens percevaient à l'époque le rôle divin des pharaons et le châtiment qui pouvait s'abattre sur eux s'ils remettaient en question leur règne. Malgré la bonté de Rê, les humains, devenus rebelles et ingrats avec le temps, avaient osé défier leur créateur en complotant contre lui. En réponse, il avait pris des mesures radicales pour leur apprendre qu'orgueil et désobéissance ne venaient pas sans conséquences...

LA RÉVOLTE DES HOMMES

Lorsque Rê créa les êtres humains, il leur donna une terre fertile au bord des eaux nourricières du Nil pour qu'ils puissent vivre tous ensemble, sans manquer de rien. Pendant plusieurs générations, sous le règne de Rê, les hommes avaient mené des vies simples mais honnêtes. Mais un jour, ils remarquèrent que leur souverain avait vieilli au point d'avoir des difficultés à gérer son royaume. Ils commencèrent donc à comploter contre lui pour tenter de le renverser. Rê entendit parler des machinations des hommes et fut tellement déçu et furieux contre eux qu'il décida de les punir. Il ne pouvait pas croire que sa propre création, qu'il considérait comme ses enfants, puisse se retourner contre lui.

En secret, il convoqua les dieux et forma un conseil dans son grand temple pour discuter de l'avenir de l'humanité. Rê expliqua à tous que les humains complotaient contre lui et qu'il était grand temps de leur apprendre le sens du respect. Les autres dieux approuvèrent et Noun, le dieu des eaux primordiales, lui conseilla d'envoyer son œil, Hathor, pour les détruire. Hathor était la déesse de la joie et de l'amour. Il est donc difficile de l'imaginer en tant que guerrière vengeresse. Pourtant, en apprenant que les hommes en avaient après son père, elle prit la forme de Sekhmet, la déesse à tête de lionne, et s'en alla semer le chaos parmi eux.

LA RAGE DE LA LIONNE

L'humanité n'avait aucune chance contre la colère de la déesse. Dès qu'elle prit la forme de Sekhmet, elle se rua à travers les champs où les agriculteurs et les paysans travaillaient et les dévora tous, ne laissant derrière elle que souffrance et désolation. Pendant des jours, elle ravagea le peuple égyptien sans pitié. Le pire fut qu'elle y prit plaisir ; elle avait acquis un goût particulier pour la chair humaine et se réjouissait du ravage qu'elle faisait autour d'elle. Il n'y avait aucun endroit sur Terre où ils pouvaient fuir la déesse vengeresse. Lorsque Rê contempla enfin son royaume, il réalisa que le châtiment avait peut-être été poussé trop loin... Peu importe où il regardait, il n'y avait que du sang versé et des maisons en ruines. Il savait qu'il devait faire quelque chose pour arrêter Sekhmet. Même s'il était contrarié par les hommes, ils lui étaient toujours chers et il ne pouvait pas les abandonner ainsi à la merci de la déesse.

LA COMPASSION DU DIEU SOLEIL

Alors que Sekhmet était encore dans un état de fureur frénétique incontrôlable, tuant des humains à gauche et à droite, Rê envoya ses messagers les plus rapides à la ville d'Éléphantine pour lui rapporter autant d'ocre rouge qu'ils pouvaient transporter. Lorsqu'ils revinrent, il leur demanda de broyer ce qu'ils avaient ramené pour créer un pigment rouge. Rê convoqua ensuite plusieurs servantes et leur demanda de moudre de l'orge pour fabriquer de la bière. Lorsque tout fut prêt, le pigment rouge fut mélangé à la bière pour créer une boisson de la même couleur que le sang humain. Ils fabriquèrent au total sept mille jarres, toutes remplies à ras bord de la bière rouge. Rê demanda alors à ses serviteurs d'apporter la bière au prochain endroit que Sekhmet planifiait d'anéantir. Au lever du soleil, la déesse arriva sous sa forme bestiale pour découvrir que le lieu qu'elle était supposée détruire était déjà entièrement recouvert de ce qui semblait être du sang humain. Elle s'en réjouit et commença à boire la bière directement au sol pour étancher sa soif. À la fin de la journée, elle avait bu chaque goutte de bière qui avait été renversée. Elle devint si ivre qu'elle reprit la forme de la déesse Hathor, oublia sa colère et revint joyeuse et insouciante vers Rê.

Une fois l'humanité sauvée des griffes de la lionne, Rê décida qu'il était temps pour lui de quitter le monde des hommes et de monter au ciel avec les autres dieux. Pour l'aider à atteindre les cieux, Nout se transforma en vache céleste et Rê grimpa sur son dos. Dès lors, les humains auraient leur propre souverain, choisi par les dieux comme leur représentant physique sur terre, tandis que les dieux continueraient à vivre dans les cieux, gouvernant de là-haut.

LE SAVIEZ-VOUS ?

En plus d'être la déesse de la joie et de l'amour, Hathor était également étroitement associée à l'ivresse. Il y avait même un festival qui lui était dédié : le festival de Tekh, où les gens célébraient et commémoraient le moment où la bière avait sauvé toute l'humanité, lorsque Hathor, sous la forme de Sekhmet, s'était enivrée avec ce qu'elle pensait être du sang humain.

48e petite HISTOIRE

LE DIEU DE LA LUNE À LA RESCOUSSE !

Le dieu de la lune, Khonsou, était à l'origine un dieu violent et assoiffé de sang. Dans l'*Hymne cannibale*, un ancien texte funéraire où il est mentionné pour la toute première fois, il était désigné comme le « couteau des seigneurs ». Son rôle était de chasser et de dépecer les dieux pour les donner à manger au roi. Mais heureusement, avec le temps, Khonsou a abandonné ses tendances brutales et a évolué pour devenir un dieu protecteur associé à la magie et à la guérison. Dans une histoire retrouvée gravée sur la stèle de Bakhtan, nous découvrons comment le dieu de la lune sauva une princesse mourante d'un terrible destin en la délivrant des griffes d'un démon.

RAMSÈS ET RÊ-NEFERU

Un jour, alors que le pharaon Ramsès II visitait le royaume de Mitanni, il séjourna dans une ville où il devait collecter des tributs des chefs locaux. Les uns après les autres, les chefs présentèrent des offrandes d'or, de lapis-lazuli, de turquoise et toutes sortes de pierres précieuses et d'objets de valeur. Parmi ceux qui offrirent des tributs au pharaon se trouvait le prince de Bakhtan. En plus de l'or et des pierres précieuses, le prince offrit sa fille aînée à Ramsès II. Le roi fut si charmé par la beauté de la jeune femme qu'il décida de l'épouser immédiatement et lui donna le nom de Rê-Neferu. Avec sa nouvelle reine à ses côtés, il exprima sa gratitude au prince pour sa grande générosité et retourna en Égypte.

LA PRINCESSE TOMBE MALADE

Quelques années plus tard, à Thèbes, une foule de gens avait été invitée à célébrer le festival d'Amon-Rê dans le temple de Louxor. Bien sûr, Ramsès II était présent et participait aux festivités avec Rê-Neferu à ses côtés. Pendant les réjouissances, un messager vint auprès du roi et lui annonça qu'un envoyé était arrivé de Bakhtan, portant avec lui de nombreux cadeaux destinés au couple royal. Lorsque Ramsès reçut l'envoyé, ce dernier révéla au pharaon que la jeune sœur de Rê-Neferu était gravement malade et que le prince de Bakhtan avait besoin de son aide. Il voulait que le roi envoie un prêtre ou un médecin capable de guérir la maladie de la princesse. Ramsès comprit la gravité de la situation et envoya prestement un prêtre pour examiner la jeune fille malade.

KHONSOU NEFER-HETEP

À son arrivée là-bas, le prêtre entra dans la chambre de la princesse et la trouva agonisante sur son lit. Sa peau était pâle, elle frissonnait et gémissait de douleur. Pourtant, en l'examinant de près, le prêtre ne put trouver l'origine du mal qui l'affligeait. Il comprit alors avec horreur qu'elle n'était pas atteinte d'une simple maladie mais qu'elle était possédée par un esprit maléfique qui prenait lentement le dessus sur son corps. Malgré tous ses efforts, il réalisa que le démon qui tourmentait la princesse était beaucoup trop puissant pour lui et qu'il ne pouvait rien faire pour l'aider. Le prince dépêcha alors un second messager à Ramsès II, le suppliant d'envoyer quelqu'un d'autre au plus vite. Cette fois, le pharaon lui-même se rendit au temple de Khonsou pour demander de l'aide au dieu de la lune. Le pharaon se tint devant la statue de Khonsou et le supplia de venir en aide à la jeune sœur de sa femme. Khonsou inclina la tête deux fois et accepta sa requête. Le pouvoir de Khonsou fut alors transmis à une autre statue du dieu de la lune qui avait le pouvoir d'éloigner les mauvais esprits attachés aux humains.

LE DIEU DE LA LUNE ET LE DÉMON

Ramsès II envoya aussitôt la statue à l'effigie de Khonsou à Bakhtan, car il savait que chaque minute comptait s'ils voulaient la sauver. Après un long voyage, le dieu arriva enfin dans la grande ville et fut accueilli par le prince lui-même et tout son cortège. Ils le menèrent au palais où la princesse mourante se trouvait et une fois dans sa chambre, Khonsou entama un rituel qui força le démon à se révéler et à sortir du corps de la jeune femme. Il ne fallut que quelques instants pour qu'elle ouvre enfin les yeux et pour que les couleurs reviennent sur ses joues pâles. La princesse était enfin sauvée, mais le travail de Khonsou était loin d'être terminé. Le démon était toujours présent et prit la parole. Il dit au dieu de la lune qu'il quitterait le royaume des hommes pour toujours et retournerait dans les ténèbres d'où il venait, mais seulement si le prince organisait un grand festival en leur honneur à lui et Khonsou avant son départ. Le prince accepta et ordonna à son peuple d'organiser un festin pour la gloire de Khonsou et pour le départ du démon.

LE SAVIEZ-VOUS ?

La stèle de Bakhtan, sur laquelle l'histoire de la princesse et du dieu de la lune était gravée, est aujourd'hui exposée au musée du Louvre. Elle a été découverte par l'égyptologue français Jean-François Champollion et ramenée à Paris par Émile Prisse d'Avennes en 1846.

49e *petite* HISTOIRE

LE PRINCE ET LE SPHINX

Il n'existe pas de créature mythique plus emblématique que le sphinx lorsque nous pensons à la mythologie égyptienne. Vénéré en tant que gardien sage et puissant, le sphinx était chargé de protéger les lieux de repos sacrés des pharaons et de les défendre contre les pillards. C'est justement entre les pattes du Sphinx de Gizeh que nous retrouvons l'une des histoires les plus fascinantes impliquant la créature légendaire et un jeune prince de Memphis. La stèle du rêve nous raconte comment un jour, alors que le prince Thoutmôsis voyageait à travers le désert, il se retrouva nez à nez avec le sphinx en personne.

LE PRINCE THOUTMÔSIS

Le récit débute par l'introduction du prince Thoutmôsis et de sa jeunesse au sein du palais royal à Memphis. Réputé pour sa beauté remarquable et sa sagacité, comparable à celle du dieu du ciel, Horus, il attira immédiatement l'attention du pharaon Amenhotep II, célèbre pour sa force physique extraordinaire. Ayant hérité d'un vaste royaume de son prédécesseur, Amenhotep régnait sur les deux terres d'Égypte et était à la recherche d'un héritier digne de lui succéder. Parmi les prétendants se trouvaient plusieurs princes, mais Thoutmôsis demeurait son préféré. Cependant, ce dernier nourrissait d'autres ambitions. C'était un homme qui aimait la liberté et qui trouvait du réconfort à parcourir le désert pendant son temps libre. C'est justement au cours de l'une de ces expéditions à travers les sables brûlants d'Égypte qu'il fit une rencontre qui allait à jamais changer son destin.

BALADE DANS LE DÉSERT

Lorsqu'il cherchait à se divertir et à prendre une pause dans ses devoirs et obligations de prince, Thoutmôsis aimait se glisser discrètement en dehors du palais royal sans avertir qui que ce soit. Il prenait alors la direction des écuries pour atteler son char avant d'aller se promener dans les environs. Il aimait pardessus tout explorer les plateaux désertiques près de Memphis, savourant la liberté à l'abri des regards des autres princes. Parfois, il était accompagné de quelques serviteurs en qui il avait entièrement confiance et il partait avec eux en excursion de chasse. Sur son char, tiré par des chevaux réputés pour être plus rapides que le vent, Thoutmôsis chassait les lions, les gazelles et d'autres animaux sauvages de la région. Aucune proie ne pouvait échapper à son regard perçant et à sa maîtrise de l'arc à flèches. Un matin, très tôt, suivant sa routine habituelle, il s'aventura un peu plus loin dans le désert. En milieu de journée, le soleil brûlant l'obligea à s'arrêter. Il aperçut alors au loin un grand sphinx qui dépassait du sable à l'horizon. Il décida de se diriger vers là-bas pour faire une pause et pour s'abriter du soleil de plomb. Une fois arrivé, il s'assit par terre et s'adossa à un endroit, couvert par l'ombre fraîche de l'ancien gardien.

RENCONTRE AVEC LE SPHINX

Lorsque le soleil atteignit son zénith, les paupières du prince se fermèrent très lentement jusqu'à ce qu'il s'endorme profondément. Dans ses rêves, le majestueux sphinx lui apparut dans toute sa splendeur, il était grand et noble et ses yeux semblaient percer jusqu'à l'âme du prince. Il se présenta comme le véritable père de Thoutmôsis et l'implora de l'aider. Captivé par l'apparition divine, le prince écouta les paroles du dieu. Le sphinx lui expliqua à quel point il était las d'être constamment écrasé par le poids des sables du désert et qu'il cherchait à s'en libérer. Il faisait donc appel au jeune prince, un peu comme un père le ferait avec son fils, et lui demandait de l'aider à restaurer sa gloire passée. En échange, il promit de l'aider à réaliser ses plus grands rêves. Alors que le dieu concluait son discours et que le prince était sur le point de répondre à sa demande, il se réveilla soudainement. Il comprit que ce qu'il venait de vivre n'était pas un simple rêve. Sans tarder, il prit son char et retourna à Memphis, animé par un seul objectif. Fidèle à sa parole, il libéra le sphinx des sables du désert et depuis ce moment-là, la fortune ne fit que sourire au prince. Tout ce qu'il décida d'entreprendre se réalisa, et très vite il monta sur le trône en tant que roi d'Égypte.

LE SAVIEZ-VOUS ?

Loin de son apparence actuelle, qui est assez terne et peu détaillée, le Sphinx de Gizeh était dans l'Antiquité un monument grandiose aux couleurs très vives. Dans son œuvre, *Histoire naturelle*, Pline l'Ancien mentionne que le visage de la créature était complètement rouge. Des résidus de pigments découverts sur d'autres parties du colosse suggèrent la présence de bleu et de jaune, indiquant que le Sphinx était autrefois une véritable œuvre d'art.

RÉFÉRENCES

• Mythologie grecque

Bibliothèque, Apollodore
Description de la Grèce, Pausanias
Hymnes homériques, Homère
Iliade, Homère
Énéide, Virgile
Les Sept contre Thèbes, Eschyle
Métamorphoses, Ovide
Odyssée, Homère
Œdipe roi, Sophocle
Prométhée enchaîné, Eschyle
Théogonie, Hésiode

• Mythologie nordique

Edda poétique
Edda en prose, Snorri Sturlusson
Flateyjarbók, Magnus Thorhallsson
Heimskringla, Snorri Sturluson

• Mythologie égyptienne

Isis et Osiris, Plutarque
Livre de la vache du ciel
Livre de l'Amdouat
Livre d'Apophis
Livre des morts
Papyrus d'Ani

Papyrus de Turin
Papyrus Chester Beatty
Phèdre, Platon
Stèle de Bakhtan
Stèle de la famine
Stèle de Metternich
Stèle du rêve
Textes des pyramides
Textes des sarcophages
The complete Gods and Goddesses of Ancient Egypt, Richard H. Wilkinson

PEFC/10-31-1895

Achevé d'imprimer en octobre 2024 par l'imprimerie Chirat en France
Dépôt légal : octobre 2024 - N° 202409.0158

N° éditeur : DBSSI20230691